하나님의 왕국을
확장하기 위한 영적인 전략

세상을 다스리는 권세의 회복

레베카 그린우드 지음 | **유종걸** 옮김

DESTINED TO RULE

FOREWORD BY **CHUCK D. PIERCE**

DESTINED TO RULE
by Rebecca Greenwood

Copyright © 2007 by Rebecca Greenwood
Published by Chosen Books
P.O. Box 6287, Grand Rapids, MI 49516-6287

Korean translation Copyright © 2008 by Pure Nard
Damo Bldg 3F 289-4, Yangjae-Dong, Seocho-Gu, Seoul, Korea

The Korean edition is published by arrangement with Chosen Books.
All rights reserved.

본 저작물의 한국어판 저작권은 Chosen Books와의 독점 계약으로 한국어 판권은 '순전한 나드'가 소유합니다. 저작권자의 허락 없이 이 책의 일부 또는 전체를 무단 복제, 전재, 발췌하면 저작권법에 의해 처벌을 받습니다.

지 은 이 레베카 그린우드
옮 긴 이 유종걸

초 판 발 행 2008년 11월 3일

펴 낸 이 허 철
펴 낸 곳 도서출판 순전한 나드
등 록 번 호 제 313-2003-00162
주   소 서울 서초구 양재동 289-4 다모빌딩 3층
도 서 문 의 02) 574-6702 / 010-6214-9129
            Fax. 02) 574-9704
홈 페 이 지 www.purenard.co.kr
총 괄 기 획 박지혜
편   집 고수연
디 자 인 이지현
총   무 견혜영
인 쇄 처 고려문화사

ISBN 978-89-6237-025-6   03230

세상을 다스리는 권세의 회복
DESTINED TO RULE

하나님의 왕국을 확장하기 위한 영적인 전략

레베카 그린우드 지음

유종걸 옮김

PURE NARD

헌 사

"저는 제 친구 베카 그린우드의 새로운 책인 「세상을 다스리는 권세의 회복」을 흔쾌히 여러분에게 추천합니다. 제가 베카를 처음 만났던 곳은 앞으로 그녀의 시댁이 될 곳이었습니다. 그때 그녀와 그렉은 약혼한 상태였습니다. 그녀는 인정받고 있는 성악가였지만, 그녀의 카리스마 있는 인격과 영적인 진리를 탐구하고자 하는 열정은 노래하는 것보다는 훨씬 더 큰 평생의 소명이 있다는 것을 드러내주었습니다.

그렉과 베카가 결혼한 지 몇 년이 지났을 때, 그들이 휴스턴으로 이사를 왔었는데, 바로 거기에서 에디와 제가 그들을 목회하고 조언해주는 특권을 얻었습니다. 베카는 항상 하나님으로부터 더 많은 것을 얻고자 하였고, 끊임없이 순결함과 투명함과 경건함을 추구하였습니다. 에디와 제가 그녀에게 도전이 될 만한 어떠한 일들을 제시할 때, 그녀는 항상 준비가 되어 있었고 또 기꺼이 그 일을 하려고 하였습니다.

서는 이 책을 너무 좋아합니다! 베카는 마치 자신이 탁월한 전략가인 것처럼 글을 쓰고 있습니다. 세상을 다스리게 되어 있던 인류에 대한 본래의 계획을 설명하고, 우리가 어떻게 사단의 협박을 극복할 수 있는지를 보여줍니다. 그녀는 능숙하게 우리가 왕과 제사장으로서 이 땅을 다스리도록 하나님으로부터 소명을 받았다는 것을 논증해가며,

이제 우리가 일어나서 그 소명의 길로 나아가기를 도전하고 있습니다.

"우리는 어떤 작가들이 쓴 작품들을 대할 때, 그것들이 모두 그들이 경험한 것이라고 생각하지는 않습니다. 하지만 베카의 경우는 다릅니다. 그녀는 이 책, 「세상을 다스리는 권세의 회복」을 쓸 자격이 있는데, 그 이유는 이 책이 그녀의 이론 이상의 것인 경험에서 나온 것이기 때문입니다. 저는 그녀가 힘써 역경들과 싸우고, 결국 그것들을 이겨내고, 많은 레벨의 어두움의 세력들을 물리치는 것을 보아왔습니다. 제 친구 베카는 누군가를 지도하는 것에 대한 어떤 비전을 가지는 것으로부터 한 비전 있는 지도자가 되는 쪽으로 옮겨왔습니다! 「세상을 다스리는 권세의 회복」은 당신이 당신의 왕국권세를 회복할 수 있도록 구비시키는 특별한 기회를 제공할 것입니다. 이제 가서 취하십시오!"

- 앨리스 스미스(Alice Smith), 미국기도센터의 실행이사

"레베카 그린우드는 성령님께서 세상을 다스리는 권세를 되찾는 것에 대하여 말씀하고 있는 것을 예민하게 듣는 사람들 중에 한 사람입니다. 「세상을 다스리는 권세의 회복」은 뛰어난 선구적인 책입니다. 이 책은 그리스도의 몸이 하나님의 피조세계를 다스리는 권세를 되찾아야만 하는 것에 대한 소명을 명확하게 제시하고 있을 뿐만 아니라, 우리 한 사람 한 사람이 하나님의 왕국이 도래하는 것을 보는 일에 어떻게 일어나서, 계수되고, 우리의 할 일을 할 수 있을지에 대하여 실

제적인 방법들을 보여주고 있습니다."

– 피터 와그너(C. Peter Wagner), 국제사도연합의 의장직 사도

"헤아릴 수 없는 그리스도인들이 피해의식에 속박당한 채 살아갑니다. 그들은 스스로를 이 세상을 향한 사단의 사악한 음모의 희생자로 보고 있습니다. 레베카 그린우드는 이러한 심적 상태를 그녀가 쓴 「세상을 다스리는 권세의 회복」 속에 있는 강력한 승리의 메시지로 도전합니다.

그린우드는 여러 성경구절들을 하나님께서 그의 자녀들을 위해서 주기로 하셨던 유산들에 관한 실생활 속에서의 이야기들로 능숙하게 엮어갑니다. 당신은 당신의 생애를 위한 하나님의 소명을 이루는 데 있어서, 새로운 방법으로 그와 동역하도록 도전받을 것입니다. 저는 이 책 「세상을 다스리는 권세의 회복」을 승리하고 극복하는 삶을 향한 하나님의 약속을 발견하기를 원하는 사람이라면 누구에게든지 강력히 추천합니다!"

– 바버라 원트로블(Barbara Wentroble), 국제돌파구사역의 설립자이자 회장

"폴 빌하이머(Paul Billheimer)의 걸작, 「보좌에로의 소명의 길」(Destined for the Throne)은 어떻게 신자들이 지상에서 그리스도 안에서 누릴 권세를 회복할 것인지에 대해서 훨씬 더 명확하게 설명하고 있는 부분을 가지고 있지만, 그럼에도 불구하고 레베카 그린우

드의 「세상을 다스리는 권세의 회복」은 그 자체만으로도 하나의 걸작이 될 것으로 확신합니다."

- 딕 이스트만 박사(Dr. Dick Eastman), '그리스도를 위한 모든 집'의 국제회장

"「세상을 다스리는 권세의 회복」은 우리의 생각과 이성을 초월하며, 주님과 함께 세상을 다스릴 수 있도록 우리의 영을 자유롭게 합니다. 이 책을 읽으시고, 주님께서 당신에게 믿을 수 없을 정도로 놀라운 계시를 주시는 것을 바라보십시오. 그것은 당신이 이성적으로 생각하게 하고, 지배하도록 할 것이며, 당신이 서 있도록 부름받은 곳에서 그와 함께 다스리도록 할 것입니다."

- 시온의 영광 국제 사역의 회장,
지구촌 추수사역의 추수 파수꾼인 척 피어스의 서문으로부터 발췌

"당신이 이 책을 읽을 때, 당신의 마음을 사로잡는 몇 가지 단어들이 떠오를 것입니다. 그것들은 이 책의 내용이 뛰어나고, 좋은 정보를 제공해주며, 교훈적이며, 읽는 이에게 힘을 준다는 것입니다. 레베카 그린우드는 그리스도의 몸에게 모든 신자들이 이생에서 주권을 가지고 이 세상을 다스려나가게 하는 유용한 도구를 주고 있습니다. 이 책은 모든 사람의 서재에 꼭 비치되어 있어야 할, 반드시 읽어야 할 책들 중의 하나입니다."

- 나오미 다우디(Naomi Dowdy) '나오미 다우디 사역'의 설립자이며 회장,
싱가폴에 있는 트리니티 크리스천 센터의 주재 사도이며 이전의 담임목사

"모든 사람은 존재 이유와 존엄성에 대한 갈망을 가지고 있습니다. 만약 어떤 사람이 자기가 누구인지 모르고 있다면, 그 사람은 그가 할 수 있는 일의 범위를 모르고 있는 것입니다. 레베카 그린우드는 이 두 가지에 대해서 명확히 알려주며, 우리가 한 개인으로서 하나님의 광대하고 영원한 계획 속에 있는 우리 자신의 독특한 지위에 어떻게 맞추어 나갈 수 있는지를 보여줍니다. 「세상을 다스리는 권세의 회복」은 매우 흥미롭고 삶을 바꿀만한 진리로 가득 차 있습니다!"

— 로라 앨리슨(Lora Allison), 축제사역의 설립자이며 회장

"신자들은 일생동안 다스리며 살도록 부름을 받았으나(롬 5:17을 보십시오), 우리들 대부분이 그렇게 살고 있지 못합니다. 이제 우리가 수동적인 입장에서 빠져 나와, 우리 각자의 세계에 어떤 변화를 가져올 때가 되었습니다. 「세상을 다스리는 권세의 회복」은 우리에게 어떻게 하면 되는지를 알려주고 있습니다."

— 요셉 윙거 박사(Dr. Joseph Winger)
콜로라도 주의 콜로라도 스프링에 있는 '뉴 라이프 교회'의 기도 목사

이 책을 항상 나를 사랑해주시고, 믿어주시며, 결코 포기하지 않도록 가르쳐주신 나의 사랑하는 부모님이신 로니와 매리 롱(Ronnie and Mary Long) 내외분께 바칩니다. 당신들은 정말 조금 조금씩 내 속에 주님께서 창조 시에 내게 허락하신 모든 것이 되기 위한 갈망과 열정과 헌신을 스며들게 하셨습니다. 나에게 별들에까지 도달하도록 가르쳐주신 것과 그렇게 할 수 있도록 자신감을 불어넣어 주신 것에 대해서 감사를 드립니다.

엄마, 신실하고, 꾸준하며, 변함없는 사랑을 저에게 주셔서 감사드려요. 여러 해 동안 저에게 제가 얼마나 복된 사람인지 그리고 주님께서 저를 위하여 예비하신 계획이 있다고 많이 말씀해주신 것을 감사드려요. 저는 그것을 들었고 믿었지요.

아빠, 저에게 주신 모든 지혜와 아버지의 사랑과 자애로운 지도와 인내심에 저는 영원히 감사할거예요. 아빠는 이 세상 아버지의 사랑으로 저를 사랑해주셔서 제가 하늘 아버지의 사랑을 받아들일 수 있는 길을 준비시켜주셨지요.

저는 두 분을 제 마음 모든 것을 다해서 사랑합니다.

목 차

- 서 문 ·· 12
- 감사의 말 ··· 18
- 머리말 ·· 21

제 1 장 인류를 위한 본래의 계획 ················ 25

제 2 장 진정한 왕이 나타나다 ···················· 39

제 3 장 왕과의 관계 ································· 57

제 4 장 피조세계는 열망을 가지고 기다리고 있다 ··· 75

제 5 장 개인적인 영역을 확립하는 것 ·········· 111

제 6 장 분량의 한계 ································ 143

제 7 장 당신의 자리를 차지하는 것 ············· 165

제 8 장 신자들의 권세 ····························· 191

제 9 장 허락된 일을 실행하는 것 ··············· 211

제 10 장 생명 안에서 왕 노릇하는 것 ·········· 233

- 저자에 관하여 ···································· 240

서 문

이 시대에 꼭 맞는 책이 드디어 나왔다. 레베카 그린우드의 「세상을 다스리는 권세의 회복」이라는 책이 바로 그 책이다!

내가 늘 해왔던 일 한 가지는 주님께 성경을 큰 소리로 읽어드리는 것이다. 그가 사람들을 감동시켜서 생명의 말씀을 쓰도록 인도했으니, 그에게 되돌려 성경을 크게 읽어 드리는 것은 항상 좋은 일이다.

한번은 로마서 6-8장을 읽기로 계획을 세웠었다. 6장 처음부터 읽기 시작해서 14절에 왔다. "죄가 너희를 주관치 못하리니." 나는 갑자기 멈추어 주님께 질문했다. "주님, 이것이 사실입니까?"

그때 나는 한 음성을 들었는데, 그 소리가 얼마나 컸던지 마치 어떤 사람이 그 방안에 나와 함께 있는 것 같았다. 그 음성이 말하기를, "**그렇다!**"

나는 "주님, 이 책이 모두 사실인 것 맞지요?"하고 물었다.

주님은 **"그래, 나의 말을 순종하여라"**고 말씀하셨다.

그때 나는 내가 죄를 주인으로 섬기며 복종할 필요가 없다는 것을 알게 되었다. 나는 이 사실을 전에 다니던 어떤 교회들로부터도 배운 적이 없었다. 그 순간 우리 가족을 통하여 계속 지배력을 행사하던 세력이 내 속에서 무너졌다. 나는 내 아버지가 해 왔던 것을 결코 다시는 할 필요가 없다는 것을 알게 되었다. 나는 이제 나의 할아버지가 하나님의 최선으로부터 멀어지도록 유혹해왔던 사단의 동일한 전략에 떨어지지 않게 되었다. 나는 주님 앞에서 신실하게 살 수 있으며, 나의 아내와 다른 사람들과 함께 신실한 언약 가운데 있을 수 있다는 것을 알게 되었다. 나는 몇 세대에 걸친 나의 가계를 통해 우리를 지배해왔던 무엇인가가 적발되었고, 언급되었으며, 깨뜨려졌다는 것을 깨닫게 되었다.

그 순간 이후로 나의 삶은 급격한 방향전환을 이루게 되었다.

이것이 당신이 이 책을 읽을 때 일어날 일이다. 이 책에는 개인적으로 그리고 영역적으로 그리스도와 함께 지배하고 다스린다는 개념이 다루어져 있는데, 그것은 당신이 "바로 이것이 나의 정체성이요, 이것이 바로 내가 해야만 할 일이다!"라고 단호하게 선언하게 할 것이다.

레베카는 아담을 위한 하나님의 본래의 계획을 조사해 나가는데, 아담의 타락과 상실로부터 예수님께서 인류와 온 피조세계에 가져다주신 자유에까지 추적해나간다. 그녀의 책은 신학적으로는 놀라운 것이지만 읽기에는 어렵지 않다! 레베카는 우리를 향한 주님의 희생에 근거하여 어떻게 우리가 다스리는 위치에 있게 되었는가를 말해주고 있다.

하나님께서 지상을 위해서 작정하신 성취의 때가 있다. 하늘과 땅이 점점 가까워져 가고 있다. 이러한 사실이 지상에 있는 모든 사람들이 일어나서 하나님의 뜻을 행하여야 할 필요성을 가중시키고 있다. 우리는 성경을 읽으며, 모세, 엘리야, 다니엘, 베드로, 바울 그리고 요한 같은 사람들을 본다. 우리는 막달라 마리아, 드보라 그리고 에스더를 본다. 오늘날 하나님께서는 지상에 있는 통치영역들을 다스려나갈 믿음의 남녀들을 일으키고 계신다. 그는 새로운 영역들의 권세들을 결정하고 계신다. 이것은 하늘로부터 할당된 기능들과 지상에 있는 재할당된 영역들과 연계되어 있다.

누가 다스릴 것인가? "땅과 거기 충만한 것과 세계와 그 중에 거하는 자가 다 여호와의 것이로다"(시 24:1). **충만**이라는 단어의 뜻은 어떤 풍성한 한 장소가 있다는 말이다(요 10:10을 보라). "우리가 그를 힘입어 살며 기동하며 있느니라"(행 17:28; 골 1:19, 2:9을 보라). 충만한 상태는 어떤 것이 가득 차거나 완성에 도달할 때 생기게 되는 것이다(마 9:16-17; 마 2:21-22, 6:43, 8:20을 보라). 우리는 그리스도께서 주시는 축복의 양이 넘치는 것이라는 것을 기억해야 한다(롬 15:29을 보라). 또한 충만한 상태는 이방인들이 구원받는 수가 하나님께서 충족되었다고 만족하게 여기시는 때이기도 하다(롬 11:25을 보라). 주님께서 지상에서의 충만에 관한 그의 계획을 완성하실 것이다.

열방을 누가 다스릴 것인가? "온유한 자들은… 땅을 기업으로 받을 것임이요"(마 5:5). 하나님께서 다스릴 것이요, 우리도 종국적으로 다스리게 될 것이다. 두려워하지 말라! 비록 열국들이 제휴하여 천지의 하나님을 대적하여 일어설지라도, 그가 다스릴 것이다. 지구는 그의 것이며, 하나님께서는 그의 목적과 계획으로 가득 차 있는 것으로 그것을 보고 계신다.

「세상을 다스리는 권세의 회복」은 우리가 오늘날 지상에서 가져야 할 우리의 소명을 이해할 수 있도록 도와준다. 레베카는 우리가 믿음 안에서 한 걸음 더 나아가도록 한다. 우리가 이 책을 읽을 때, 그녀는 우리가 그리스도 예수의 "더 큰 일들"(요 14:12)을 하기 위해서 여기에 있다는 것을 이해하도록 돕는다! 많은 사람들이 어떻게 우리가 알고 있는 지식을 사용하는가 하는 것이 지상에서의 우리의 능력과 권세를 결정짓는다고 믿고 있다. 우리는 오늘날을 위한 매우 중요한 성경구절을 기억하고 있어야 한다.

> 그가 장차 말로 지극히 높으신 자를 대적하며 또 지극히 높으신 자의 성도를 괴롭게 할 것이며 그가 또 때와 법을 변개코자 할 것이며 성도는 그의 손에 붙인 바 되어 한 때와 두 때와 반 때를 지내리라 그러나 심판이 시작된즉 그는 권세를 빼앗기고 끝까지 멸망할 것이요 나라와 권세와 온 천하 열국의 위세가 지극히 높으신 자의 성민에게 붙인 바 되리니 그의 나라는 영원한 나라이라 모든 권세 있는 자가 다 그를 섬겨 복종하리라 하여(단 7:25-27)

앞으로 매우 큰 싸움이 있을 것인데, 그것은 사단이 우리가 하나님의 타이밍에서 나오게 하려고 하든지 혹은 우리가 그 타이밍에 들어갈 수 없도록 우리 주변의 법들을 바꾸는 것을 포함해서 어떻게든 우리를 통제함으로써 성도들을 핍박하려고 하기 때문이다. 이러한 법들은 주로 우리가 오늘날의 세계 안에서 어떻게 살아나가는가 하는 것과 관련되어 있는 것이며, 정보혁명과도 연관이 있다. 많은 법들이 하나님의 자녀들이 자유 안에서 살아가는 것을 금지하거나 억압하기 위해서 계속 만들어지고 있다.

「세상을 다스리는 권세의 회복」은 독자가 본래의 자리로 돌아오는 것을 돕는다! 우리는 주님께로 돌아가서 지상에서 다스려야 한다. 우리 사회는 이 시대의 법들을 바꾸면서 그 와중에 하나님 자각에 대한 개념이 거의 상실되게 만들었다. 이것이 바로 그리스도의 몸이 싸워야 할 주요 전쟁들 가운데 하나이다. 어떻게 우리가 우리를 적대하는 국내법들 가운데서 세상을 다스려나갈 수 있는가? 어떻게 정부가 하나님의 왕국 안에서 살아가려는 우리의 자유를 빼앗아가지 못하게 하면서 우리가 정부에 영향력을 행사할 수 있겠는가? 이러한 것들은 매우 중요한 질문들이다.

이사야 1장에서 하나님께서 말씀하시는 것으로 돌아가 보자.

> 너희 땅은 황무하였고 너희 성읍들은 불에 탔고 너희 토지는 너희 목전에 이방인에게 삼키웠으며 이방인에게 파괴됨 같이 황무하였고 딸 시온은 포도원의 망대 같이 원두밭의 상직막 같이 에워싸인 성읍같이 겨우 남았도다 만군의 여호와께서 우리를 위하여 조금 남겨 두지 아니하셨더면 우리가 소돔 같고 고모라 같았으리로다… 여호와께서 말씀하시되 너희의 무수한 제물이 내게 무엇이 유익하뇨… 오라 우리가 서로 변론하자… 내가 너의 사사들을 처

음과 같이 너의 모사들을 본래와 같이 회복할 것이라(사 1:7-9, 11, 18, 26)

「세상을 다스리는 권세의 회복」은 우리의 생각과 이성을 초월하며, 주님과 함께 세상을 다스릴 수 있도록 우리의 영을 자유하게 해줍니다! 이 책을 읽으십시오. 그리고 주님께서 당신에게 믿을 수 없을 정도로 놀라운 계시를 주시는 것을 바라보십시오. 그 계시는 당신이 이성적으로 생각하게 하고, 지배하도록 하며, 당신이 서 있도록 부름 받은 곳에서 그와 함께 다스리도록 할 것입니다."

척 피어스(Chuck D. Pierce), 시온의 영광 국제 사역의 회장

지구촌 추수사역의 추수 파수꾼

감사의 말

제가 이 책의 마지막 편집 작업을 하고 있을 때, 제 마음에 이 프로젝트를 위해서 기도해주시고 후원해주신 분들이 생각나기 시작했습니다. 이 과업을 위해서 저를 격려해주고 기도해주면서 저의 조력자들이 되어준 많은 가족과 친구 그리고 중보기도자들에게 진심으로 감사하며, 그들이 제 주변에 있다는 것이 얼마나 큰 축복인지 모르겠습니다.

제일 먼저, 제 남편 그렉(Greg)에게 감사하고 싶습니다. 그렉, 당신은 나의 가장 절친한 친구이자 가장 훌륭한 후원자예요. 이 책을 쓰는 동안에 지칠 줄 모르고 나와 함께 하나님의 말씀을 연구하고 공부해준 것에 대해서 당신께 감사하고 싶어요. 당신이 내가 새로 쓴 글들을 계속해서 읽어주느라고 밤을 지새운 것에 대해서도 감사하고 싶어요. 내가 이 책을 완성하느라 일하던 동안에, 아버지로서 기꺼이 우리 딸들을 잘 돌봐준 것에 대해서도 물론 감사하고요. 당신은 최고의 남편이며, 당신으로 인해서 나는 매일 하나님께 감사하고 있어요. 앞으로도 계속 최고의 남편이 되어줄 것을 확실히 믿어요.

나의 아름다운 세 딸, 켄들(Kendall)과 레베카(Rebecca)와 캐티(Katie)에게. 너희들은 나의 자랑과 기쁨이란다. 너희들은 정말 찾아보기 힘든 뛰어난 아이들이지. 너희들의 엄마가 된 것이 주님께서 내게 주신 가장 경이로운 직임이라고 나는 생각해. 내 마음 모든 것을 다 해서 너희 셋을 사랑하며, 주님께서 너희 한 사람 한 사람을 위하여 위대한 미래를 예비하고 계시다는 것을 믿어.

저는 저와 제 가족 그리고 Christian Harvest International을 위해서 신실하게 중보기도해준 모든 중보기도자들에게 영원히 감사할 것이며, 여러분 한 사람 한 사람이 제 기도 속에 있을 것을 약속합니다. 다시 한 번 더 감사를 드립니다. 기도의 전사들이여!

샌디 크리스토퍼슨(Sandy Christopherson)에게 특별한 감사를 드리고 싶습니다. 당신의 마음과 헌신과 기도들이 문자 그대로 제가 주님께서 내게 주신 모든 것을 지탱하게 해주었습니다. 당신의 기도가 없었다면, 제가 한 모든 일을 이룰 수 없었을 것입니다. 당신은 I-1 중보기도자의 진실된 모델입니다.

제 인척, 잭(Jack)과 팸 그린우드(Pam Greenwood)에게. 17년 전에 당신들이 우리들의 손에 들려준 책 때문에 감사하고 싶습니다. 그리고 우리를 달라스에서 있었던 컨퍼런스에 데려간 것과 사역팀 훈련 주말과정을 위해 휴스턴으로 우리를 초청해 준 것에 대해서 고맙게 생각합니다. 왜냐하면, 그날 이후로 우리의 삶이 완전히 달라졌기 때문입니다. 당신의 인도로 그렉과 제가 주님께서 우리를 위해 예비해 놓으셨던 길 위에 서 있게 되었습니다. 저는 당신들을 사랑합니다.

앤 아인하이머(Ann Weinheimer), 당신과 함께 일하는 것이 얼마나 큰 기쁨이었는지 몰라요. 내가 편집이 완료된 책을 읽었을 때, 얼마나 당신이 나를 똑똑하고 글이 유창하게 보이도록 만들었는지 감탄할 수밖에 없었어요. 당신과 함께 일하는 것이 내게는 영광이에요. 작업을 훌륭하게 잘 해주어서 감사해요. 우리 함께 다음 프로젝트를 해봐요.

마지막으로, 주님과 하늘에 계신 아버지께 저의 온 마음과 사랑을 전해드리고 싶네요. 주님, 당신의 사랑은 아낌없이 주는, 경이로운, 모든 것을 다 하는 사랑입니다. 제 평생의 모든 날 동안에 당신을 예배하며, 높이며, 찬양하겠습니다. 당신께 모든 영광과 존귀를 돌립니다.

머리말

　인류를 향한 하나님의 본래의 신성한 계획은 피조세계를 다스리는 것이었다. 지상에서 통치력과 권세와 청지기직을 수행하는 것이 우리가 창조된 목적이었다. 지난 16년간 영적 전쟁을 수행하는 동안, 나는 통치영역에 대한 다스림이 많은 신자들의 보통 고백이 되는 것을 보아왔다. 교회에는 하나님께서 우리에게 주신 다스림과 통치의 과업이 이루어지고 드러나는 것을 보기를 원하는 갈망의 목소리가 울려 퍼지고 있었다.

　이 목표는 옳은 것이지만, 대부분의 경우에 있어서 그것은 성취되지 않을 것이다. 왜 그런가? 왜냐하면 그것이 권세를 갖게 하는 고백을 통하지 않고 추구되기 때문이다. 권세는 책임과 절대적으로 맞물려 있다. 그것은 지식뿐만 아니라 그리스도 안에서의 우리의 지위를 바르게 사용하는 것을 가정하고 있다. 그것은 인류를 향한 본래의 계획을 이해하는 것, 기도와 하나님 아버지와의 친밀한 관계 안에서 살아가는 것, 영향력에 대한 우리의 활동 범위를 아는 것, 그리고 하나님께서 우리에게 주신 지위와 영역 안에서 통치력을 발휘하는 것을 의미한다.

　우리가 계속 더 나아가기 전에, 나는 다스림에 대한 교리와 관련된 많은 남용된 사례들과 그것에 따라붙는 부정적인 이미지들에 대해서 이미 잘 알고 있다는 것을 밝히고 싶다. 잘못된 이데올로기가 하나님으로부터 주어진 성경적인 위임명령을 과도한 율법주의와 통제 속으로 몰아왔었다.

나의 목표는 논쟁 속으로 들어가는 것이 아니다. 나의 목적은 하나님께서 우리에게 주신 세상에 대한 다스림이라는 성경적인 진리에 초점을 맞춘 책을 쓰는 것인데, 전략적으로 중요한 역사적 시점인 오늘날 교회로 하여금 이에 더 잘 준비되고 정비되도록 하기 위해서이다. 신자로서 우리는 단순히 오해들이 존재한다고 해서 성경이 밝히고 있는 인류에 대한 본래의 목적에 대해서 가르치는 것을 소홀히 할 수는 없다. 우리의 대적들이 우리의 존재 목적을 계속해서 도둑질해 가는 것을 허용할 수 없다. 목욕물과 함께 아기를 내버릴 수는 없지 않는가!

우리가 이 땅을 지배하고, 다스리고, 관리해야만 하는 본래의 위임명령은 창세기 1장 28절에 언급되어 있다. "하나님이 그들에게 복을 주시며 그들에게 이르시되 생육하고 번성하여 땅에 충만하라 땅을 정복하라 바다의 고기와 공중의 새와 땅에 움직이는 모든 생물을 다스리라 하시니라." 수세기에 걸쳐서 우리의 대적은 이러한 위임명령이 수행되는 것을 방해하기 위하여 우리 삶의 모든 영역에 그의 견고한 진들을 구축해왔다. 그리스도의 몸에 속해 있는 우리 가운데 많은 사람들이 우리가 이러한 마귀의 흉계에 대항하여 싸우도록 부름받았다는 것을 깨닫고 있다. 우리는 구름떼와 같은 어두움의 세력에 겁먹은 피해자들로서가 아니라, 우리의 창조된 목적과 예정된 소명을 깨닫고 주님과 함께 파트너가 되어 싸워 이기는 승리자들로서 살도록 되어 있다.

나는 우리 대적이 저질러놓은 하나님을 비방하는 것과 속박에 대항하여 지금까지 싸워왔으며 앞으로도 그럴 것인데, 이렇게 하는 것은 교회의 책임이기도 하다. 하지만 나는 주님께서 이러한 싸움에 있어서 우리의 입지에 변화를 주고 계시다는 것을 감지하고 있다. 그는 우리가 하나님의 왕국대사들로서 이 땅을 지배하고 다스리는 우리의 합법적인 지위를 찾도록 촉구하고 계신다. 우리가 이러한 권세를 가지고 나아갈 때, 하나님 왕국의 메시지를 전파하고, 잃어버린 세상을 우리가 섬기는 하나님께로 인도하고, 이 땅에 정의를 실현하고, 영적인 대변환과 사회적인 대변환을 촉진할 수 있는 것이다.

우리 각 사람의 마음속에는 어떤 위대한 일에 참여하고 싶은 동경심이 있다. 아마 누구든지 어두움의 지배가 선과 진리에 의해서 깨뜨려지는 보다 더 큰 계획 속에 참여하고 싶은 생각이나 혹은 심지어 마음속 깊이 파묻힌 열정일지라도 가져본 경험들이 있을 것이다. 하나님께서 그러한 갈망을 우리 마음속에 두셨다. 더 이상 우리 인생이 아무 의미가 없다고 느껴서는 안 된다. 우리(당신과 나)는 이 땅에 의로운 규범을 구현하기 위하여 선택되었고 위임되었는데, 이것은 세상이 주목하도록 만들 것이다.

친구여, 당신이 오늘날이라는 역사적인 시점에 살아있는 것이 우연이 아니다. 하나님께서 당신과 나를 이러한 특별한 시점에, 이 땅에 하나님의 왕국이 회복되는 것을 보는 일에 그와 파트너가 되도록 부르셨다. 우리가 함께 이 책「세상을 다스리는 권세의 회복」속에 있는 하나님의 말씀들을 탐구해 나갈 때, 하나님 왕국의 상속자인 당신과 내가 피조세계를 위한 주님의 의도를 잘 분별할 수 있게 되기를 기도한다.

제 1 장
인류를 위한 본래의 계획
The Original Plan for Man

  당신은 오늘의 세계에서 인생의 의미에 대한 탐구가 얼마나 확산되어 가고 있는지 느껴본 적이 있는가? 인생의 목적과 그 가는 길을 알고 싶어 하는 이 시대의 욕망은 아마도 예전과 비교할 수 없는 정도일 것이다. 이것은 그리스도인들에게는 하나님의 초자연적인 능력으로 우리의 문화에 다가가고 영향력을 미칠 수 있는 기회들이 열매와 함께 놓여져 있다는 것을 의미한다. 사실 연구가들은 지상에서의 그리스도의 사역 이후의 모든 세기들을 합한 기간보다도 최근의 20년 동안에 하나님의 왕국에 들어온 영혼들이 더 많다는 것을 우리들에게 말해주고 있다. 그들은 구주와 함께 그들이 찾고 있었던 해답들을 발견했다.

  하지만 이것이 어두움과의 싸움이 완화되고 있다는 것을 의미하지는 않는다. 통계 또한 오늘날의 젊은이들 가운데 단지 4%만이 복음적인 기독교를 받아들일 것이라는 개연성을 보여주고 있다. 이것은 한 가지 난처한 질문을 떠오르게 하는데, 만약 우리가 인생의 질문들에 대한 해답들을 가지고 있다면, 왜 우리가 아직까지 다음 세대를 포함한 엄청난 숫자의 사람들에게 다가가는 데 이렇게 고전하고 있느냐 하는 것이다. 우리는 성경이 종말의 때라고 부르는 시점으로 들어가고 있으며, 많은 것들이 위기상태에 놓여 있다. 하나님께서는 어떻게 우리가 하나님의 왕국을 흑암에 의해 사로잡혀 있는 모든 영역 속으로 가져갈 수 있을지 우리가 이해할 수 있도록 우리를 자리매김하고 계신다. 하지만 우리가 어디로 가는지를 알기 위해서는 먼저 우리가 어디로부터 왔는가를 이해해야만 한다. 우리가 왜 여기 이 지구상에 있게 되었는지 그 이유, 즉 인생의 진정한 의미에 대해서 잠시 살펴보도록 하자.

우리는 하나님의 형상으로 지음 받았다

하나님께서 인간을 창조하실 때, 한 가지 특별한 계획을 마음에 두고 계셨다.

> 하나님이 가라사대 우리[아버지, 아들, 그리고 성령]의 형상을 따라 우리의 모양대로 우리가 사람을 만들고 그로 바다의 고기와 공중의 새와 육축과 온 땅과 땅에 기는 모든 것을 다스리게 하자 하시고 하나님이 자기 형상 곧 하나님의 형상대로 사람을 창조하시

되 남자와 여자를 창조하시고 하나님이 그들에게 복을 주시며 그
들에게 이르시되 생육하고 번성하여 땅에 충만하라 땅을 정복하
라 바다의 고기와 공중의 새와 땅에 움직이는 모든 생물을 다스리
라 하시니라(창 1:26-28)

우리 인류는 남녀 모두 하나님의 형상과 모양대로 지음받은 하나님의 특별한 창조물이다. 이외의 다른 창조물들은 이와 같이 말할 수 없다. 형상(image)에 해당하는 히브리 원어는 신적 존재의 대표라는 뜻을 가진 **셀렘(selem)**인데, 이것은 우리가 하나님의 형상의 지상의 패턴이며, 모델이며, 실증이라는 것을 의미한다. 모양(likeness)에 해당하는 히브리 원어는 닮은 어떤 것이라는 뜻을 가진 **데무트(demut)**이다. 이것은 성경에서 두 단어가 함께 짝이 되어 나오는 유일한 구절이다. 주님께서는 이러한 단어 구조를 통하여 한 중요한 메시지를 주고 계셨다. 그는 우리가 하나님의 **모양을 닮은 형상(likeness-image)**이라고 말씀하고 계셨다. 우리가 그의 **대표(representative)**일 뿐만 아니라, 그의 **구현(representational)**이다. 사람은 하나님의 왕국의 대변인, 외교관, 요원, 특사, 장관, 그리고 대사이다. 사람은 하나님의 지상에서의 적합하고, 신실하며, 눈에 보이며, 만질 수 있는 육체를 가진 대표자로서 창조되었다.

하나님은 성경에서 개인적인 하늘 아버지로서 계시되는데, 그는 그들과 함께 교제하기 위해서 아담과 하와를 지으신 분이다. 창세기 1장에서는 하나님의 일반적인 이름인 엘로힘(Elohim)이 사용되고 있는

데, 이는 하나님의 위대하심과 능력을 강조하는 것이다. 창세기 2장 4절에서는 야웨(Yahweh) 혹은 여호와(Jehovah, Lord)라는 하나님의 다른 이름이 소개된다. 이것은 개인적이고도 언약적인 이름인데, 이것을 통하여 하나님께서는 당신 자신을 그의 백성들에게 계시하신다. 야웨라는 하나님의 언약에 관한 이름을 계시하신 것은 그의 인자하신 사랑과 인류를 향한 그의 구원 계획 그리고 그의 백성들과 함께 하는 그의 신실하신 임재에 그 중심이 있다. 이러한 하나님의 개인적인 호칭은 그가 그의 백성들과 피조물과의 직접적인 관계 속에 있을 때 사용된다. 이 두 가지 이름들이 함께 연결되어, 야웨 엘로힘(Yahweh Elohim) 혹은 여호와 하나님(Jehovah God, Lord God)과 같이 사용될 때, 그것들은 우리의 하나님은 인류와의 사랑으로 돌보는 관계 속으로 들어가신 전능하신 하나님이라는 것을 나타낸다.

우리 함께 이러한 관계의 기원들과 마귀가 그것을 파괴하기 위하여 갖은 애를 다 쓴 이유에 대해서 간략히 살펴보기로 하자.

하나님께서는 관계를 만드신다

하나님께서 아담을 흙으로 지으셨고, "생기를 그 코에 불어 넣으니 사람(아담)이 생령(living being)이" 되었다(창 2:7). 하나님 아버지에 대한 이러한 표현은 그의 모든 창조행위 가운데 독특한 것이었다. 사람에게 생명을 주기 위해서 하나님 자신의 숨결을 사랑스럽게 불어넣으신 것으로, 하나님께서는 인류가 나머지 모든 피조물보다 더 높은 지위를 가지고 있다는 것을 확증하셨다.

아버지와 아들과 성령으로 나타나는 삼위일체의 하나님께서 사람에게 육과 혼과 영이라는 삼위일체의 본질을 부여해주셨다. 인간의 육체는 그것이 지상의 흙으로부터 형성되고 만들어졌기 때문에 지상과의 특별한 관계를 가지고 있는데, 그것을 우리는 우리의 세상의식(world consciousness)이라고 부를 수 있다. 시각, 청각, 촉각, 후각, 미각이라는 육체의 오감을 통하여 우리는 우리 주변에 존재하고 있는 모든 것들 속에서 서로 교감하며 살아가고 있다.

육체는 영과 혼을 그 속에 담고 있다. 하나님께서 지상의 흙을 취하시고 "생기를 그 코에 불어 넣으니," 아담은 더 이상 텅 빈 껍데기가 아닌 하나님의 영에 의해서 생명을 부여받은 사람이 되었다. **생명(life)**의 히브리 원어는 **차임(Chaim)**인데, 이것은 복수형으로서 "생명들(lives)"로 번역된다. 데릭 프린스(Derek Prince)는 이것을 그의 책 『War In Heaven』(Chosen Books, 2003)에서 다음과 같이 설명하고 있다.

하나님께서 아담에게 "생명들(lives)"의 숨을 불어넣으셨다. 우리가 성경을 통하여 살펴볼 때, 여러 가지 형태의 생명들이 있다는 것을 발견한다. 영적인 생명과 육적인 생명, 유한한 생명과 무한한 생명. 이와 같은 모든 개념들은 창세기의 현재의 장에 씨의 형태로 심겨져 있으며 성경의 이어지는 장들에서 발전되어진다.

우리가 구원의 선물을 받을 때에도 비슷한 과정이 일어난다. 우리가 **거듭날 때**(born again) 하나님께서 그의 생명과 성령을 우리에게로 불어 넣으신다. 우리의 **영적인 사람**(spirit-man)은 지금 살아있으며, 우리에게 하나님 의식(God-consciousness)을 준다. 하나님께서는 영을 통해서 우리에게 말씀하신다. 우리가 예배를 드릴 때와 기도할 때 그리고 하나님의 말씀을 묵상할 때, 우리의 영은 배양되고 자란다. 육체와 혼이 영에게 복종하며 살아가는 것이 하나님의 디자인이다.

아담의 육체 창조와 하나님께서 그에게 불어 넣으신 영은 다음과 같은 결과를 가져왔다. "사람이 생령이 된지라." 혼은 정신과 의지와 감정들로 구성되어 있으며, 자기의식(self-consciousness)을 갖게 한다. 혼은 우리가 삶의 모든 영역에서 하나님의 뜻을 따르도록 하기 위하여 영에게 복종해 나가도록 디자인되었다.

아담은 이제 그 주위의 놀라운 창조 환경 속에서 살아가도록 완전히 갖추어졌다. 하지만 하나님께서는 이 새로운 존재에게 그가 아직 완전히 갖추어지지 않았음을 지적하셨다. 그는 아직 그에게 적합한 배필을 갖지 못했다. 우리는 하나님께서 어떻게 아담을 잠들게 하셨으며, 그의 갈빗대 하나를 취하시고 살로 거기를 채우셨는지에 관한 놀라운 이야기를 알고 있다. 그 후에 주님께서 그 갈빗대로 한 여자

("남자의"로 번역되는)를 만드셨고, 그녀를 아담에게로 데려왔다(창 2:20-22을 보라).

주님은 여자를 아담 자신의 몸으로부터 조성하심으로써, 여자가 남자보다 열등하지 않은 남자의 **뼈**와 살이라는 것을 예시해주셨다. 그들은 함께 세상을 다스리도록 부름받은 파트너였다.

신적인 생명과 인적인 생명, 그 두 사이에는 특별한 관계가 있다. 하나님께서는 아담과 하와 그리고 그들의 후손들인 우리에게 그와의 교제에 관해서 선택할 수 있는 능력을 주셨다. 그 남자와 여자는 주님과의 친밀한 교제를 즐겼으며, 주님의 사랑과 영광과 거룩함을 나타내었다. 도덕적으로 사람에게 죄가 없었다. 그는 또한 현명하였으며 주님께 복종하며 사는 데에 열심이었다.

아담이 그의 소명을 발견하다

인류를 향한 하나님의 계획은 이것이었다.

> 하나님이 그들에게 복을 주시며 그들에게 이르시되 생육하고 번성하여 땅에 충만하라 땅을 정복하라 [하나님과 사람과의 사이에 있는 모든 자원들을 사용하면서] 바다의 고기와 공중의 새와 땅에 움직이는 모든 생물을 다스리라 하시니라(창 1:28)

하나님께서는 사람을 그의 형상을 닮게 만드심으로써, 지상의 새로운 관리자에게 지적인 능력과 창조적인 능력 그리고 지배하고 다스리는 리더십을 타고난 선물로 부여하셨다. 우리 하나님께서는 항상 그의 왕국에 관심이 있으시며, 그에 대한 똑같은 소명과 디자인으로 사람을 창조하셨다. 그러므로 사람에게 피조세계를 관리하고 돌보는 책임이 주어진 것은 자연스러운 결과였다. 이 책임은 지구와 그 위에 있는 모든 생명체를 포함하는 것이었다.

이러한 위임명령(mandate)을 이해하기 위해서, 우리는 **정복하라(subdue)**라는 명령과 **다스리라(have dominion)**라는 명령을 이해해야만 한다. **정복하다**에 해당하는 히브리 원어는 **카바스(kabas)**인데, "복종하게 하는 것, 지배하는 것"을 의미한다. 이것은 정복당하는 편이 정복하는 자에게 적대적이어서 정복이 성공적으로 일어나기 위해서는 어느 정도의 무력이 요구된다는 것을 암시하고 있다. 그래서 창세기 1장 28절은 피조세계가 사람의 명령을 행하기를 꺼려하여서 사람이 결국 그의 힘을 사용함으로써 피조세계에 질서를 가져오게 해야 한다는 것을 함축하고 있다. 피조세계가 사람을 다스리게 되어 있는 것이 아니다.

다스리다에 해당하는 히브리 원어는 **라다(radah)**인데, 이것은 하나님의 지배와 책임을 일컫는 말이 아니고 사람의 지배와 책임을 일컫는 말이다. 이것은 "주권자의 위치에서 관리하고 통치하는 것"을 의미한다. 사람의 이렇게 고귀한 위치에 대해서는 시편 8편 4-8절이 잘 표현하고 있다.

> 사람이 무엇이관대 주께서 저를 권고하시나이까 저를 천사보다 조금 못하게 하시고 영화와 존귀로 관을 씌우셨나이다 주의 손으로 만드신 것을 다스리게 하시고 만물을 그 발 아래 두셨으니 곧 모든 우양과 들짐승이며 공중의 새와 바다의 어족과 해로에 다니는 것이니이다

우리 인류는 영광스러운 목적을 위해서 지어졌는데, 그것은 하나님께서 우리에게 그의 피조세계의 한 부분을 다스리는 그의 주권을 공유하도록 하셨다는 것이다. 세계 통치는 마땅히 사람의 몫이었고, 믿을 수 없는 특권들과 무거운 책임들을 수반하는 것이었다. 아담은 지구를 다스리는 왕으로서의 태도를 가지고 살아가며 기동하도록 지어진 것이었다. 다스리는 것은 그의 타고난 권리였고 기쁨이었다.

초원의 뱀 한 마리

이러한 완전한 세계 속으로 한 존재가 들어왔는데, 그는 이 세상에 대한 지배권을 탐내었다. 이미 하나님을 넘어뜨리려던 싸움에서 패배했던 사단이 우리 주님께서 가장 귀하게 여기시는 창조물과 인류를

두신 곳을 파괴하려는 악한 음모를 시행하고 있었다. 사단이 우주에 있는 하나님의 가장 높으신 곳을 장악할 수 없었기 때문에, 최소한 지상의 권세만은 얻으려고 시도할 것이었다.

그래서 마귀는 사람을 속이고 유혹하여 하나님께 반역하도록 하여 사람의 권리상실(forfeiture)에 의해서 지구상에서의 통제력을 가지려는 음흉한 계획을 세웠다. 그리고 우리 모두가 너무 잘 아는 대로, 그는 성공하였다. 창세기 3장을 여는 몇 구절보다 더 슬픈 성경구절은 없을 것인데, 거기에는 뱀이 하와에게 동산 중앙에 있는 과실나무를 새로운 눈을 가지고 보도록 기만하는 이야기가 기록되어 있다.

> 여자가 그 나무를 본즉 먹음직도 하고 보암직도 하고 지혜롭게 할 만큼 탐스럽기도 한 나무인지라 여자가 그 실과를 따먹고 자기와 함께한 남편에게도 주매 그도 먹은지라 이에 그들의 눈이 밝아 자기들의 몸이 벗은 줄을 알고 무화과 나무 잎을 엮어 치마를 하였더라(창 3:6-7)

하나님께 대한 그들의 반역-지구를 다스리라는 그의 명령에 대한 의도적인 불순종-의 영향들은 즉시 나타났다. 육체적인, 영적인, 그리고 도덕적인 죽음이 그들의 생명을 움켜쥐었다. 비록 그들이 아직 많은 해를 더 살겠지만, 그들은 그들의 육체를 형성했던 흙먼지로 돌아가는 육체적인 죽음을 경험하게 될 것이었다. 도덕적으로는 그들의 본성이 죄에 물들게 됨으로써 하나님과의 친밀한 신뢰관계가 파괴되었다. 죄를 짓기 전에는 그들의 벌거벗음이 아무런 부끄러움이 되지 않았다. 하지만 그들이 선악과를 따먹은 후, 그들의 벌거벗음은 치욕의 표시가 되었다. 영적으로 그들은 하나님과의 교제가 단절되는 것을 경험했다. 그들의 창조주와 교제하는 데로 나오는 대신, 이제 아담과 하와는 그의 노여움을 느낄까봐 그의 임재 속에 있는 것이 불편하게 되었다. 그들은 하나님을 피하여 숨었다. 죄는 그들을 그들이 반역하기 전에는 그렇게 자유롭고도 영광스럽게 경험했던 하나님과의 친밀한 교제로부터 분리시켰다.

이때부터, 사단은 우리가 하나님이 될 수 있다고 믿도록, 그래서 우리 스스로 선과 악을 결정하라고 유혹하면서, 인류를 속이기 위한 끊임없는 싸움을 벌여오고 있다. 이것이 인류 가운데 우리가 따르며 살아야 할 오류가 없는 판단기준으로서의 하나님의 말씀을 거부하는 독립적인 정신을 키워왔다. 인류는 스스로를 자신의 우상으로 만들었다. 많은 사람들이 비도덕적인 삶을 살면서도 동시에 영원한 구원을 경험할 수 있다고 믿게 된 이유가 바로 이 사단의 속임수 때문이다. 그리고 그 속임수가 인류가 적그리스도를 받아들이게 되는 길을 여는 데 사용되는 주된 무기가 될 것이다.

하나님께서는 죄를 다루신다

하나님께서 아담과 하와에게 그들의 죄의 결과에 대해서 말씀하셨다. 하와에게는, 그 결과들이 그녀의 직계가족과 관련된 것이었는데, 해산의 고통과 이제 그녀를 다스리게 된(창 3:16) 남편에게의 새로운 종류의 복종이었다. 아담에게는, 이제는 죽을 때까지 이마에 땀을 흘리며 수고하여야 땅으로부터 소산을 얻게 되리라는 것이었다. 풍요를 가져다주도록 창조된 땅이 이제는 소산을 내는 것조차 힘들게 되었다.

> 아담에게 이르시되 네가 네 아내의 말을 듣고 내가 너더러 먹지 말라 한 나무 실과를 먹었은즉 땅은 너로 인하여 저주를 받고 너는 종신토록 수고하여야 그 소산을 먹으리라 땅이 네게 가시덤불과 엉겅퀴를 낼 것이라 너의 먹을 것은 밭의 채소인즉 네가 얼굴에 땀이 흘러야 식물을 먹고 필경은 흙으로 돌아가리니 그 속에서 네가 취함을 입었음이라 너는 흙이니 흙으로 돌아갈 것이니라 하시니라(창 3:17-19)

자연에의 영향과 더불어 남자와 여자에게 내려진 형벌은 죄의 결과에 대한 시금석의 의미가 있었다. 그들의 아름다웠던 에덴동산으로부터 쫓겨난 아담과 하와는 시련과 역경 속에서 하나님을 의지하는 법을 배웠다.

주님께서는 또한 뱀 곧 사단을 다루셨는데, 그의 속이는 악한 계략 때문이었다. 하지만 하나님께서는 저주하시는 가운데서도 그의 구원의 계획을 풀어놓으셨는데, 바로 예수님을 통하여 성취될 새 언약이었다.

> 여호와 하나님이 뱀에게 이르시되 네가 이렇게 하였으니 네가 모든 육축과 들의 모든 짐승보다 더욱 저주를 받아 배로 다니고 종신토록 흙을 먹을지니라 내가 너로 여자와 원수가 되게 하고 너의 후손도 여자의 후손과 원수가 되게 하리니 여자의 후손은 네 머리를 상하게 할 것이요 너는 그의 발꿈치를 상하게 할 것이니라 하시고(창 3:14-15)

우리 하나님은 사랑의 하나님이시다. 사단이 얻기로 되어 있던 속임을 통한 승리 가운데, 하나님께서는 잃어버린 인류를 위한 그의 구원 계획을 예언하셨다. 사단은 여자의 후손으로 오실 예수님의 발꿈치를 상하게 하겠지만, 예수님은 사단의 머리를 치시고 깨뜨리실 것이다. 원초의 언약이 깨뜨려지고 파괴되는 시점에 사단의 패배와 파멸은 선언되었고 구원의 계획은 선포되었다.

인류에게 미친 죄의 영향

첫 번째 남자와 여자의 불순종은 전 인류에게 죄와 사망의 법을 가져오게 했다. 성경은 우리에게 아담이 죄를 지을 때 모두가 죄를 지었다거나 그의 죄책이 인류 모두에게로 전가되었다고 말하지 않는다. 그러나 그의 반역행위가 우리들 모두가 인간의 죄성과 우리가 살아갈 때 하나님과 그의 인도하심에 대한 고려함이 없이, 우리 스스로의 길로 가고자 하는 태생적 욕구를 가지고 태어나도록 하는 길을 열었다. 하지만 복된 소식은 우리 하나님 아버지께서 사단이 에덴동산에서의 속임수를 통하여 궁극적인 승리를 얻도록 허락하지 않으실 것이라는 것이었다. 그는 그 타락의 저주를 깨뜨리고 인류를 구속할 진정한 왕을 보내셨다.

이러한 에덴동산에서의 일련의 사건을 통하여 인류가 본래 위임받은 사명은 소실되었든지 아니면 적어도 뒤틀린 것으로 여겨질 수 있다. 우리는 세상을 다스리라는 남자와 여자들에 대한 소명이 주님께서 재림하시고 그의 왕국을 세우시기 전에는 완전한 형태로 표현되지 못하리라는 것을 알고 있다. 그렇다면 그 중간기간 동안에는 어떨까? 우리는 그 해답을 다음 장의 주제인 왜 예수님께서 지상에 인간의 모습으로 오셨는지에 대해서 살펴볼 때 찾을 것이다.

제 2 장

진정한 왕이 나타나다
The True King Appears

 하나님께서는 인류를 향한 그의 언약 계획을 잊지 않으셨다. 아담은 지구를 다스리는 권세를 가져 하나님을 대신하여 이 창조의 한 부분에 대한 왕 같은 대표자로서 섬기도록 창조되었다. 그가 실패했을 때, 하나님께서는 인류를 그 잃어버린 상태로부터 구원하도록 그 아들 예수를 보내셨다. 예수님은 지상에 오셔서 아담과 하와가 잃어버린 것을 회복하시려고 하늘의 예복을 벗어 내려놓으셨다. 그는 사단을 패배시키고 사단으로부터 우리의 삶을 지배하고 있는 그의 권세를 빼앗아, 지상에서 하나님의 나라가 임하게 하는 데 다시 한 번 더 하나님과 동역하는 자리로 우리를 부르기 위하여 종, 제사장, 해방자, 구원자, 그리고 구속자로 오셨다.

 어떻게 예수님이 사망의 권세를 파괴하셨으며, 이것이 우리가 지상에서의 다스리는 권세를 다시 얻게 하는데 어떻게 영향을 미치는지를 이해하기 위해서 그의 생애를 연구하는 데 잠시 시간을 할애해보자.

예수님이 유혹받으시다

우리는 마태복음 3장에서 예수님께서 세례(침례) 요한에게 세례(침례)받기 위하여 갈릴리에서부터 요단강으로 오셨다는 내용을 읽는다. 이것은 예수님의 공적인 사역의 시작이었으며, 하나님 아버지께서 그를 눈에 보이고 귀로 들을 수 있는 표적으로 축복하셨다.

> 예수께서 세례를 받으시고 곧 물에서 올라오실새 하늘이 열리고 하나님의 성령이 비둘기 같이 내려 자기 위에 임하심을 보시더니 하늘로서 소리가 있어 말씀하시되 이는 내 사랑하는 아들이요 내 기뻐하는 자라 하시니라(마 3:16-17)

하지만 그의 지상에서의 사역 속으로 완전히 들어가기 전에, 예수님은 대적의 가장 강력한 유혹에 직면하셔야 했다. 그는 아담과 하와가 실패했던 그 자리에서 성공해야만 했다. 그래서 예수님께서 성령님에게 이끌리어 마귀에게 시험을 받으러 광야로 가셨다(마 4:1). 예수님께서 이 날들을 기도와 그의 아버지께서 그를 보내며 성취하라고 하신 일에 대한 하나님의 말씀을 묵상하며 보냈다고 상상하는 것은 무리가 아닐 것이다. 그리고 매일 하루하루를 금식하셨다. 그가 오기 전의 모세와 엘리야와 똑같이(출 34:28, 왕상 19:8), 40일 낮과 40일 밤을 금식하셨다. 율법 수여자였던 모세는 금식 후에 십계명 두 판을 받았고, 위대하고 드라마틱한 예언자였던 엘리야는 금식 후에 하나님의 조용하고 세미한 음성을 듣는 법을 배웠다. 예수님의 금식은 율법과 선지자의 정점이며 새 언약의 시작을 알리는 것이었다.

첫 번째 유혹

금식기간의 끝에 사단은 예수님이 죄를 짓도록 바로 유혹했다. 성경은 그 세 가지 유혹들을 기록하고 있는데, 그 하나하나가 예수님의 정체성에 대한 근본적인 위협이었다. 돌들이 빵이 되게 하여 먹을 것을 얻으라는 첫 번째 유혹은 예수님의 굶주림을 이용한 것이었다.

이러한 유혹의 시초에 사단이 한 말에 주의해보라. "네가 만일 하나님의 아들이어든…"(마 4:3). 이것은 예수님께서 세례(침례)받으실 때에 하늘로부터 들려온 말을 상기시켰다. **만약**이라는 단어를 사용하면서, 사단이 네가 하나님의 아들이냐고 묻고 있는 것이 아니었다. 대신 그는 **네가 하나님의 아들이므로 이 돌들을 명하여 떡이 되게 하여 그것을 한 번 보여 봐라**라고 말하고 있었다. 사단은 예수님이 사람은 할 수 없는 방법으로 자신의 개인적인 필요를 채움으로써 인자(역자 주-사람의 아들)로서의 그의 정체성을 부정하도록 꾀고 있었던 것이다. 예수님은 그의 능력을 그 자신의 유익을 위하여 쓰는 것을 거절하였다. 그는 성경 말씀을 선포함으로써 대응하였다. "사람이 떡으로만 살 것이 아니요 하나님의 입으로 나오는 모든 말씀으로 살 것이라."

두 번째 유혹

그를 쫓아내기 위하여 예수님께서 하나님의 말씀을 인용하는 것을 들은 후, 사단은 그의 두 번째 유혹을 위하여 시편 91편의 성경 말씀으로 스스로를 돌이켰다. 우리가 아래에서 볼 수 있듯이, 사단은 성경을 완전히 인용할 수가 있다. 하지만 그는 거짓의 아비답게 속이고 통제하고 혼란스럽게 만들기 위해서 그 성경구절들의 의도를 왜곡할 것이다.

사단은 예수님을 예루살렘에 있는 성전 꼭대기로 데려갔다. 어떻게 이 유혹이 아담과 하와가 경험했던 것과 똑같은 패턴을 따르고 있는지 주의해보라. 사단은 만일 그가 어떤 사람을 거짓된 결론으로 끌어갈 수 있게 속일 수 있다면, 대부분의 경우에 승리를 얻을 수 있다. 하와를 향해 했던 그의 말을 기억해보라. "하나님이 참으로 너희더러…" 이와 같이 그 대적은 예수님이 성전 꼭대기에서 뛰어내리도록 설득함으로써 하나님의 말씀의 진실성을 시험해보도록 유혹하려 했다. "네가 만일 하나님의 아들이어든," 조롱하는 목소리가 말했다. "네가 주의 사자들에 의해서 구출되지 않겠느냐?" 이 유혹은 기드론 시내가 내려다보이는 성전 벽 남동쪽 코너에서 일어났다고 믿어지고 있다. 사단은 아마 그가 이렇게 높은 곳에서 뛰어내려도 기적적으로 구출되는 것을 아래에 있는 사람들이 본다면 그를 즉시 받아들일 것이라는 사실을 가지고도 예수님을 유혹하고 있었을 것이다.

예수님은 시편 91편의 말씀의 진실성을 부인하지 않으셨다. 그는

"**또** 기록되었으되"(마 4:7, 강조 첨가)라고 말하며 그의 대답을 시작하셨다. 그러나 그는 그 말씀을 사람이 주 하나님을 시험하지 말아야 한다는 더 깊은 진리와 연결시키셨다. 이러한 용례에서 나타나는 **유혹**(tempt)이나 **시험**(test)에 해당하는 헬라어는 **엑페이라세이스**(ekpeiraseis)인데, 그것은 "사람이 얼마나 멀리 갈 수 있는지 혹은 사람이 얼마나 많이 해낼 수 있는지를 알기 위하여 시험하는 것"을 의미한다. 사단은 예수님과 하나님과의 관계를 훼방하려고 시도하고 있었다. 하나님으로부터의 증명을 요구하는 것은 믿음과 신뢰가 부족하다는 표현일 수 있었는데, 예수님은 굴복하지 않으셨다.

세 번째 유혹

그의 세 번째 유혹을 위하여, 사단은 예수님을 높은 산으로 데려가서 "천하만국과 그 영광을 보여 가로되 만일 내게 엎드려 경배하면 이 모든 것을 네게 주리라"(8-9절)고 말하였다.

이것은 명백하게 초자연적인 경험이었다. 누가복음 4장 5절은 말하기를 "마귀가 또 예수를 이끌고 올라가서 **순식간에** 천하만국을 보이며"(강조 첨가). **순식간에**(instant)에 해당하는 헬라어는 **스티그메**(stigme)이다. 여기가 신약성경에서 이 단어가 사용된 유일한 경우이다. 그 시간은 일 초나 시계가 한 번 째깍하는 것과 유사하다. 이것은 우리에게 예수님과 사단이 지상의 물질적인 영역뿐만 아니라 영적인 영역까지도 다루고 있다는 것을 보여주고 있다. 물론 오늘날까지도 그 두 영역에서 싸움이 계속되고 있다.

하지만 우리는 다니엘 7장 14절에 기록된 대로 예수님께서 모든 창조세계를 다스리는 주권자이심도 알고 있다.

> 그에게 권세와 영광과 나라를 주고 모든 백성과 나라들과 각 방언하는 자로 그를 섬기게 하였으니 그 권세는 영원한 권세라 옮기지 아니할 것이요 그 나라는 폐하지 아니할 것이니라

그럼에도 불구하고, 이러한 세 번째 시도를 통해서 사단은 예수님이 그를 경배하게끔 도전함으로써 지상에서의 자신의 왕국을 세우려고 하였다. 예수님께서는 지상에 관한 한, 아담이 그 왕권을 잃어버림으로써, 사단이 "이 세상 임금"(요 12:31)이 되었다는 것을 인정하셨다. 그 결과로 정당하게 인류와 창조주에게 속해있던 권세를 사단이 행사할 수 있게 되었다.

사단에게 경배하는 것은 예수님께서 스스로를 타락한 인류와 연결되어 있다는 것을 받아들이는 것이 될 수도 있었다. 그것은 그의 아버지의 회복 계획에 대한 불순종과 반역의 행위가 될 수 있었다. 예수님도 아담과 하와가 타락했던 것과 같이 타락할 수 있었다. 그는 하나님만이 경배와 섬김을 받을 유일한 대상임을 말씀하시며 그 제의를 거절했다.

사단은 그가 지상에서 회복하도록 보내심을 받은 모든 세 영역에서

예수님을 유혹했다. 사단은 첫 번째로 배고픔이라는 육체적인 영역을 말함으로써 인성에 있는 예수님을 유혹했다. 예수님은 믿는 자들에게 구원을 제공하심으로써 인류의 타락된 본성을 회복하러 오셨다. 그 후 사단은 경배의 자리에서 예수님과 맞섰다. 예수님은 인류의 하나님 아버지와의 깨어진 관계를 회복하려고 오셨다. 마지막으로, 사단은 그에게 이 세상의 왕국을 줄 것을 약속하면서 그를 따를 것을 설득하는 자리에까지 나아갔는데, 이 행동은 반대로 사단을 더 위대한 자리로 올려놓을 수 있는 것이었다. 예수님께서 지상에 오신 목적은 대적을 멸하고 천국(the Kingdom of Heaven)이 지상에 설립되게 함으로써 인류가 잃어버린 세상을 다스리는 권세와 왕국을 회복시키는 것이었다. 아름다운 동산에 살았으나 실패했던 아담과 달리, 예수님께서는 위험한 광야에 들어가셨고 유혹에 대항하여 승리를 얻으셨다.

천국이 가까왔다

예수님께서는 광야에서 나온 후에 그의 지상에서의 사역에 착수하셨다. 그의 초기의 가르침에서 볼 수 있듯이 하나님의 나라가 그의 초점이었다. "회개하라 천국이 가까웠느니라"(마 4:17). 우리들 가운데 많은 사람들이 이 말씀을 천국이 가까운 장래에 올 것으로 해석하지만, 그것은 정확한 의미가 아니다. 가까운(near)에 해당하는 헬라어는 엥글리켄(engliken)인데, 그 왕국이 가까이 왔다 혹은 다른 말로 지금 와 있다는 것을 가리킨다.

이 말씀은 교회의 생명력과 확실히 잃어버린 영혼들을 구원하기 위해서 어두움의 세력 가운데로 나아가는 교회의 소명에 영향을 미친다. 하지만 그것은 또한 창조의 동기가 획득되었다는 것을 의미한다. 하나님께서는 지상에서의 그의 왕국 통치를 통하여 그의 모든 사역 속에 그 자신을 강력하게 나타내 보이고 계신다. 하나님의 왕국의 권세가 미치기 시작하자, 사단과 그의 졸개들은 공포에 싸여있다. 하나님의 통치에 복종할 것인가 아닌가 하는 의지의 큰 충돌이 있다.

우리는 1장에서 아담은 지상에서 세상을 다스려나가도록 지음을 받았는데, 그것은 하나님의 왕국을 대표하는 왕적인 지위였다는 것을 살펴보았다. 그리고 그는 대표자였을 뿐만 아니라 표현하는 자였는데, 타락 이전까지는 그가 성취하는 모든 것이 하나님의 왕국을 이 땅에 가져오는 것이었기 때문이었다.

예수님의 경우에도 동일하다. 그는 하나님의 왕국을 대표했는데, 그것을 천국이라고도 불렀다. 그의 목적은 그의 통치와 다스림을 확립하는 왕으로서 오는 것이었다. 그의 가르침들과 비유들은 이러한 왕국에 대한 진리들과 어떻게 그 안에 있는 유산을 얻을 수 있는가를 설명하는 것이었다. 예수님 또한 표현하는 자였다. 완전한 하나님과 완전한 인간으로서, 그는 하나님의 왕국의 권위 속으로 들어오셨다.

예수님은 종교를 만들려고 오신 것이 아니고, 관계를 이루기 위해서 오셨다. 지상에서의 그의 사역에 두루 걸쳐서 예수님은 당시의 종교지도자들인 사두개인들과 바리새인들에 의하여 저항을 받았는데, 그들은 그들조차 그 성취를 볼 수 없었던 유대교 전통과 율법에 단단히 매여 있는 사람들이었다.

그래서 예수님께서는 때마다 반복해서, 그는 동정심 많고 능력있는 구주이며, 그의 자녀들의 필요를 채워주지 않을 수 없는, 그리고 새롭고 더 나은 언약을 위한 길을 만들기를 원하는 분이라는 것을 입증하셨다. 손이 마른 사람을 고치시고, 간통 현장에서 잡힌 한 여인을 그에게로 끌어온 사람들의 굳은 마음을 바른 길로 인도하시며, 죽은 자들을 일으키시고, 음식과 그 이상의 것들에 굶주린 수천 명의 사람들을 먹이시면서, 매 경우마다 예수님은 하나님의 왕국은 회개를 가져오게 하기 위하여 동정심과 친절함과 인내심을 베푸는 것이라는 것을 보여주셨다. 그가 만진 사람들은 용서와 구원을 발견했고, 그를 고소하던 자들은 그의 권위와 권세 있는 말씀에 아무 말도 할 수 없었다. 그의 말씀은 모든 상황에 천국을 가져왔으며, 모든 경우에 그 결과는 죄와 사망의 권세를 굴복시키는 것이었다.

> 또 너희의 범죄와 육체[육욕, 죄성]의 무할례로 죽었던 너희를 하나님이 그[그리스도]와 함께 살리시고 우리에게 모든 죄를 [자유롭게] 사하시고 우리를 거스리고 우리를 대적하는 의문에 쓴 증서[각서]를 도말하시고 제하여 버리사 십자가에 못 박으시고(골 2:13-14)

율법은 생명이나 하나님께 복종하는 능력을 주지 않았으나, 예수님은 우리를 죄의 속박으로부터 자유하게 하려고 오셨는데, 이는 하나님 앞에서의 우리의 정당한 지위를 회복시켜 주는 것이었다. 한 번 예수님이 우리 마음속에 살아계시면, 그의 법이 우리 정신 속으로 들어오고 우리의 마음에 쓰여지는데, 이것은 우리에게 지상에서 왕 같은 대표자들로서 행하려고 하는 욕구와 힘과 권위를 가져다준다.

제사장으로서의 왕

아담이 범죄하였을 때, 인류는 하나님과 분리되었다. 예수님의 대속의 죽음이 있고서야 비로소 우리는 회복되었다. 하지만 예수님께서 나타나시기 전 수 세기 동안에, 하나님께서 죄가 다루어질 길을 만드셨다. 하나님께서 제사장직을 설치하셨는데, 옛 언약에서의 그 직무는 죄를 속하는 것으로서의 희생제사 시스템을 포함하는 것이었고, 이것은 예수님께서 십자가 위에서 행하실 완전한 제사를 예시하는 것이었다. 라틴어로 **제사장(priest)**이라는 단어는 "다리를 놓는 자(Bridge builder)"를 의미한다.

요한은 우리에게 "말씀이 육신이 되어 우리 가운데 거하시매 우리가 그 영광을 보니 아버지의 독생자의 영광이요 은혜와 진리가 충만하더라"(요 1:14)고 말한다. **거한다(dwelt)**에 해당되는 헬라어는 **스케**

노오(skenoo)인데, "장막을 친다(to tent or encamp)"라는 의미가 있다. 어떤 번역들은 말씀이 육체가 되어 우리 곁에 장막을 치셨다고 번역을 한다. 예수님은 지상에서의 하나님의 대표자이셨고, 또한 하나님과 사람이 만나는 자리(회막, meeting place)이셨다. 다른 말로 하자면, 예수님은 회막과 회막의 제사장이었을 뿐만 아니라, 제사를 드리는 대제사장과 그 제물이었다. 그는 우리의 대신(substitute)이 되셨다.

예수님께서 죄에 대한 형벌을 그 자신이 받으신 후, 하늘에 들어가셨는데, 거기서 그는 인류를 위한 대제사장으로서 섬기고 계신다.

> 이제 하는 말의 중요한 것은 이러한 대제사장이 우리에게 있는 것이라 그가 하늘에서 위엄의 보좌 우편에 앉으셨으니 성소와 참 장막에 부리는 자라 이 장막은 주께서 베푸신 것이요 사람이 한 것이 아니니라(히 8:1-2)

이것이 우리의 대제사장으로서 역할을 감당하시는 예수님의 구속적인 목적이었다.

> 그러나 이제 그[그리스도]가 [옛 것보다] 더 아름다운 [제사장의] 직분을 얻으셨으니 [왜냐하면] 이는 더 좋은 [더 장엄한, 더 높은, 그리고 더 고귀한] 약속으로 세우신 더 좋은 언약[협약]의 중보[조정자, 대리인]시라(6절)

예수님은 더 좋은 언약의 중보자이셨는데, 왜냐하면 그것이 더 높은 약속들 위에 세워졌기 때문이었다. 더 뛰어난 선지자와 더 뛰어난 제사장직은 더 뛰어난 언약을 의미한다.

왕으로서의 제사장

유대인들은 그들의 메시아가 전사로서 올 것을 기대했다. 그들은 로마제국의 압제에 항거해서 정치적인 혁명을 시작할 구원자를 갈망했다. 그들은 다윗 왕이 했던 것과 마찬가지로 그들의 적들을 정복할 전사로서의 왕을 상상하고 있었다.

우리가 지금까지 이야기해온 대로, 예수님은 왕으로서 오셨다. 하지만 그는 정치적인 혁명을 이끌거나 혹은 지상의 물질적인 왕국들에 저항해서 전쟁을 하러 오지 않으셨다. 그는 죄와 사망의 압제를 행사하고 있는 사단과 싸우고 그를 패배시킴으로써 하나님의 통치를 세우기 위해서 오셨다. 그의 죄없는 삶과 희생의 죽음으로, 그는 사단에게 주어졌던 권세를 되찾으셨다. "예수께서 [그의 제자들에게로] 나아와 일러 가라사대 하늘과 땅의 모든 권세[모든 다스리는 통치권]를 내게 주셨으니"(마 28:18).

예수님께서는 도둑질 당했던 모든 것을 회복하셨고 그의 영역을 되찾으셨다. **권세**(authority)에 해당하는 헬라어는 **엑수시아**(exousia)

이다. 그것은 "어떤 사람이나 사물에게 행사, 소유, 통제 혹은 처분할 수 있는 정당하고 실제적이며 방해받지 않는 권세"를 의미한다. 대적과 그의 악한 세력들과 세상의 사단의 권세들은 지금 무장해제 되어 있으며, 에덴동산에서의 타락으로 인한 저주는 번복되어 있다. "정사와 권세를 벗어버려 밝히 드러내시고 십자가로 승리하셨느니라"(골 2:15).

무장해제시켰다(disarmed)라는 단어는 또한 **벗어버렸다**(stripped)라는 말로 번역되고 있다. 예수님은 인류를 죄의 통치 속에 묶어 통제하고 있는 사단의 권세를 벗기셨다. 그리스도는 승리하셨으며, 사단의 계획들과 정사들과 권세들과 능력들을 제압하는 완전한 통치와 능력과 권세가 그에게 주어졌다.

> 너희 마음눈을 밝히사 그의 부르심의 소망이 무엇이며 성도[그가 따로 분리시킨 자] 안에서 그 기업의 영광의 풍성이 무엇이며 그의 힘의 강력으로 역사하심을 따라 믿는 우리에게 베푸신 능력의 지극히 크심이 어떤 것을 너희로 알게 하시기를 구하노라 그 능력이 그리스도 안에서 역사하사 죽은 자들 가운데서 다시 살리시고 하늘[처소들]에서 자기[자신]의 오른 편에 앉히사 모든 정사와 권세와 능력과 주관하는 자와 이 세상뿐 아니라 오는 세상에 일컫는 모든 이름 위에 [수여될 수 있는 모든 직책 위에] 뛰어나게 하시고 또 만물을 그 발 아래 복종하게 하시고 그를 만물 위에 교회의 머리[교회를 통하여 행사되는 지도력]로 주셨느니라 교회는 그의 몸

이니 만물 안에서 만물을 충만케 하시는 자의 충만이니라 [그 몸 안에 모든 것을 완전하게 하며, 모든 곳에 있는 모든 것을 그 자신으로 채우시는 그의 충만이 거하신다](엡 1:18-23)

예수님은 아담과 하와가 양도했던 권세를 되찾으셨고, 지상과 영적인 영역에 하나님의 왕국을 세웠다. 사실 그는 아담이 지상에서 권위가 있는 초자연적인 능력을 가진 진정한 권세의 소유자로서 살았던 이래로 그와 같은 첫 번째 사람이었다. 그는 우리를 위하여 피조세계를 다스리는 권세가 무엇과 같은지를 우리에게 보여주는 모델이 되셨다. 그는 폭풍을 잠잠하게 하셨고, 물 위를 걸으셨다. 그는 음식의 양이 늘어나게 하셨다. 그는 제자들에게 많은 물고기를 잡기 위해서 어디에 그물을 던져야 하는지를 알려주셨다. 그는 그를 위하여 열매를 내지 못한 무화과나무를 꾸짖으셨다. 심지어 그가 죽을 때, 성전의 휘장이 위에서 아래로 찢어졌으며, 땅이 흔들렸고, 바위들이 터져 갈라졌으며, 무덤이 열리고 전에 죽었던 많은 거룩한 사람들의 시체들이 살아났다. 지구상의 모든 것이 인자이신 예수님께 복종했다. 우리가 나중에 좀 더 깊이 토론하겠지만, 그를 주(Lord)와 구주(Savior)로 받아들이는 자들은 지상에 있는 천국(Kingdom of Heaven)의 대사들로서의 지위를 정당하게 갖게 되는데, 그 직임은 그들에게 할당된 영역 안에서 다스리며 통치해나감과 동시에 이 지상에 천국을 확장하고 설립해나가는 것이다.

언제 그 왕국이 설립될 것인가?

성경은 예수님께서 새 하늘과 새 땅을 세우려 돌아오실 것을 말하고 있다.

> 예수께서 감람산 위에 앉으셨을 때에 제자들이 종용히 와서 가로되 우리에게 이르소서 어느 때에 이런 일이 있겠사오며 또 주의 임하심과 세상 끝[완성, 종말]에는 무슨 징조가 있사오리이까 예수께서 대답하여 가라사대 너희가 사람의 미혹을 받지 않도록[사람에게 속임을 당하지 않도록, 사람에게 잘못 인도당하지 않도록] 주의하라 많은 사람이 내 이름으로[내 이름의 힘을 빌어] [내게 속한 이름을 훔쳐서] 와서 이르되 나는 그리스도[메시아]라 하여 많은 사람을 미혹케 하리라 난리와 난리 소문을 듣겠으나 너희는 삼가 두려워 말라 이런 일이 있어야 하되 끝은 아직 아니니라 민족이 민족을 나라가 나라를 대적하여 일어나겠고 처처에 기근과 지진이 있으리니 이 모든 것이 재난[해산 고통, 참을 수 없을 정도의 괴로움]의 시작[초기 고통]이니라 그 때에 사람들이 너희를 환난에 넘겨주겠으며 너희를 죽이리니 너희가 내 이름을 위하여 모든 민족에게 미움을 받으리라 그 때에 많은 사람이 시험에 빠져 서로 잡아 주고 서로 미워하겠으며 거짓 선지자가 많이 일어나 많은 사람을 미혹하게 하겠으며 불법이 성하므로 많은 사람의 사랑이 식어지리라 그러나 끝까지 견디는 자는 구원을 얻으리라 이 천국 복

음[좋은 소식]이 모든 민족에게 증거되기 위하여 온 세상에 전파되리니 그제야 끝이 오리라(마 24:3-14)

위의 구절들에서 주님께서는 난리, 난리의 소문, 기근, 지진, 민족이 민족을 대적하고, 나라가 나라를 대적하여 일어나는 것에 대해서 말씀하셨다. 예수님께서 이러한 일들을 언급하셨을 때, 그는 이러한 징조들이 그의 재림에 대한 진통의 시작이라고 말씀하셨다. 나는 우리가 살고 있는 이때가 그때라고 믿지만, 우리가 지구상에 펼쳐질 이러한 일들에 대해서 증거할 때 종말이 바로 우리 앞에 있다고 말하는 것에 대해서는 조심해야 한다. 그것들이 징조임에는 틀림없지만, 예수님께서는 천국 복음이 땅 끝에 있는 모든 열방에까지 증거될 때에라야 비로소 종말이 올 것이라고 설명하셨다. 가서 열방을 제자 삼으라는 이러한 지상명령은 열방에 속한 사람들뿐만 아니라, 땅, 정부, 지도자들, 통치자들, 사업들, 가족들, 학교들 등도 포함하는 것이다.

이것을 우리가 잘 이해하는 것이 매우 중요한데, 왜냐하면 이것이 예수님 재림의 타이밍에 영향을 미치기 때문이다. 시간이 아니라 타이밍이다. 예수님께서 마태복음 24장 36절을 설명하실 때, 오직 하나님 아버지만이 그 정확한 날짜와 시간을 아신다고 하셨다.

"그러나 그 날과 그 때는 아무도 모르나니 하늘의 천사들도 아들도 모르고 오직 아버지만 아시느니라."

그럼에도 불구하고, 우리는 주님의 재림이 성취되는 데에 어떤 역할을 가지고 있다. 여기가 우리가 신자와 그리스도를 따르는 자로서 그 큰 그림을 보아야 할 자리이다. 복음으로 세상의 열방을 향해 나아가라는 우리에게 주어진 지상명령을 성취함으로써, 우리는 주님의 재림을 위한 무대가 설치될 시간을 결정하는 데 한 역할을 맡고 있다. 이것이 바로 우리의 세상을 다스려나가는 사명과 하나님의 왕국을 설립하고 확장해나가는 목적의 핵심이다.

이제 앞으로 더 나아가서 우리의 왕과 우리와의 관계를 탐구하고 우리 각자의 창조된 흥미로운 목적에 대해서 배워보자.

제 3 장

왕과의 관계

A Relationship with the King

1990년인 그때 나는 20대 초반이었고, 막 엄마가 되어 있었다. 나의 남편 그렉과 나는 텍사스 주 덴튼(Denton)에 있는 한 교회의 청년부 담당 목사로 섬기고 있었다. 우리는 그때 주님께서 우리에게 맡겨주신 젊은이들의 삶을 어루만지는 것을 보면서 주님을 행복하게 섬기고 있었다. 그랬음에도 우리는 주님을 더 알고 싶은 갈망이 증대되는 것을 경험하고 있었다.

나의 시부모님은 목사로 수년을 섬기고 계셨는데, 우리는 하나님께서 그들의 삶 속에서 새롭고 더 깊은 일을 행하고 계시다는 것을 알아차렸다. 우리는 그들이 주님과 동행하는 삶 가운데 새롭게 발견한 기쁨과 열정을 보았다. 그것이 우리로 호기심을 갖게 했다. 그래서 그들이 우리를 하나님께로 가까이 나아가는 것과 그의 음성을 듣는 것에 관한 임박한 집회(conference)로 초대했을 때, 우리는 그것을 받아들였다. 우리는 호기심이 있으면서도 한편으로는 조금 조심스러웠고 회의적인 마음도 있었다. 어쨌든 우리는 주님의 음성을 듣는 것에 대해서 토의하는 그런 기독교 행사에는 한 번도 참석해 본 적이 없었다.

그 집회는 두려운 마음을 갖게 하면서도 동시에 매혹적이었다. 나는 항상 주님께서 나의 삶 가운데 나를 인도하고 계신 것을 느끼고 있었으며 나를 어떤 목적 때문에 창조하셨다는 "내적인 자각(inner knowing)"을 가지고 있었지만, 그것이 무엇인지는 알지 못했다. 그때 처음으로 나는 심지어 아주 어릴 적에 경험했던 것에 대한 설명들을 듣고 있었다. 나는 하나님의 음성을 듣고 있었고 나의 삶에 대한 그의 인도하심을 느끼고 있었지만, 그 경험은 제한적인 것이었다.

그 집회가 끝났을 때, 집회의 인도자들이 주님과의 깊은 관계와 소명과 목적에 관해서 인도함을 받기를 갈망하는 참석자들을 위해서 기도하자고 했다. 그렉과 나는 동시에 바로 일어섰다. 그 인도자들은 그때 서 있는 사람들을 위해서 기도했는데, 하나님께서 새로운 방법으로 그들을 만져주시기를 구했다. 그들은 우리가 그의 음성을 듣고 그의 목적에 응답할 수 있는 귀를 가지게 해달라고 기도했다. 그 집회기간 동안 나는 주님의 임재를 만질 수 있을 것 같이 느꼈다. 그것은 평화, 은혜, 위로, 그리고 사랑으로 가득 찬 임재였다. 그것은 놀라운 것이었으며, 나를 더욱더 갈급하게 했다.

우리가 막 그 빌딩을 떠났을 때, 내가 한 번도 만나본 적이 없는 내 인척의 친구 하나가 다가왔다. 그녀는 내게 레베카냐고 물었다. 나는 그렇다고 대답했다. 그녀는 자신을 내게 소개했고, 그 날 오후가 되기 전에 주님께서 그녀에게 내 이름을 알려주셨으며 예언의 말씀을 주셨다고 말했다. 그녀는 내게 그 예언의 말씀이 무엇인지 설명해야만 했는데, 나는 한 번도 그런 것에 대해서 들어본 적이 없었다. 나는 혼자 생각하기를, **주님, 이것이 집회 때 저를 위해서 기도했던 그 기도의 즉각적인 응답이군요. 사실, 당신은 제가 그것을 기도하기도 전에 그 기도를 응답하셨어요!** 나는 주님께서 내 중심의 울부짖음을 들으셨다는 사실이 감사해서 어쩔 줄을 몰라 했다.

그 예언의 메시지 가운데, 주님께서 나의 이름을 부르며 말씀하셨다. 주님께서 나에게 전하라고 주신 말씀을 그녀가 말할 때, 나도 마치 주님께서 나를 그에게 가까이 다가오도록 그리고 나의 인생을 위한 그의 사랑과 목적을 이해하는 한 시즌(season) 속으로 부르시는 것이 느껴졌다. 그것은 부드럽고도 강렬하였으며, 주님께 더 가까이 다가가려는 강한 욕망과 갈증을 불러일으켰다. 그 밤은 새로운 차원의 이해와 권세를 가지고 주님과 동행하고 싶어 하는 나의 욕망의 출발점이 되었다.

그렉과 내가 경험하고 있던 주님을 향한 점증하는 갈망을 지켜보고 있던 나의 시아버지인 잭 그린우드(Jack Greenwood)께서 우리에게 성령님과의 관계의 중요성에 관해서 설명하고 있는 책을 한 권 주셨다. 이것은 우리 두 사람 모두에게 삶을 바꾸는 사건이 되었다. 내가 그 책을 읽을 때, 주님의 임재가 내게 머물러 있는 것을 느꼈다. 나는 그 책을 읽고 싶어서 저녁에 집에 돌아올 때까지 기다릴 수가 없었다. 내가 그 외에 무엇에 관해서 배우기를 원할 수 있었을까?

그 책을 다 읽자마자, 나는 무릎을 꿇고 그 책 끝에 인쇄되어 있는 기도문을 따라 기도하면서 나를 충만히 채우도록 성령님을 초청했다. 즉시 나는 머리끝부터 발끝까지 홍수처럼 밀려드는 나를 완전히 사로잡는 강렬한 임재를 느꼈다. 나는 성령님의 임재 속에 안겨 있었으며, 성령님께서 내 영을 넘치게 채우고 계시다는 것을 느꼈다. 나는 완전히 사로잡혀 있었는데, 지금까지 그토록 놀라운 어떤 것도 느껴본 적이 없었다. 나는 "주님, 제발 이 임재가 내게서 떠나가지 말게 해주세요."라고 기도했다.

몇 분이 지난 후에, 주님께서 내게 한 환상을 보여주셨다. 나는 주님으로부터 그렇게 분명한 계시를 받고 있다는 사실에 놀라서 가만히 그리고 조용히 앉아 있었다. 그는 나에게 말하고 계셨고, 나는 그의 음성을 알고 있었다. 나의 심장은 숨가쁘게 뛰었으며, 눈물이 흘러내렸다.

그 환상 가운데 내가 수만 명의 사람들에게 둘러싸여 있는 한 단상에 서 있었다. 그들은 나의 손을 잡으려고 손을 뻗치고 있었고, 나는 그들의 손 하나하나를 잡아주려고 하고 있었다. 내가 할 수 있는 한 많은 손을 잡으려고 하고 있었다.

나는 이것이 무엇을 의미하는지 이해하지 못했다. 나는 "당신이 내게 보여주시는 이것이 무엇입니까?"하고 물었다.

주님은 한 질문으로 대답하셨다. **베카야, 내가 너에게 맡기는 영혼들을 책임질 수 있겠니? 네가 나를 위해서 그들에게 다가갈 수 있겠**

니? 나는 그가 내게 묻고 있는 것이 무엇인지 완전히 이해하지 못했다. 하지만 나는 그 순간에 주님께서 당신의 손을 그렉과 나에게 얹으셨다는 것과 우리의 삶이 급속히 변화할 것이라는 것을 알게 되었다. 그는 우리를 위한 한 가지 목적을 가지고 계셨고, 우리에게는 훈련이 필요했다. 나는 내가 알고 있는 유일한 방법으로 대답했다. "예, 주님, 어떻게 하면 되는지 알려주세요."

그 경험은 아직도 주님을 섬기는 나의 삶에 동력을 주는 영감이 되고 있다. 그리고 내가 주님 안에서 성장해감에 따라, 우리 한 사람 한 사람이 하나님의 왕국의 대표자로서 우리의 책임들을 성취해나가도록 어떻게 부름을 받았는지에 관한 더 많은 계시를 받고 있다.

성령의 인도함을 받는

만약 당신이 왕이신 하나님의 아들이나 딸이라면, 당신의 삶이 곧 사역(ministry)이다. 당신에 관한 모든 것이 사역이다. 당신이 가는 모든 곳에서-집, 직장, 학교, 교회, 이웃, 식품점에서-당신은 천국의 사역자이다. 당신은 이 사명으로부터 결코 빠져나올 수 없다. 그것은 변할 수 없는 당신의 존재 목적이다.

누가복음은 우리에게 "예수께서 **성령의 권능**으로 갈릴리에 돌아가시니 그 소문이 사방에 퍼졌다[4:14, 강조가 더해짐]"고 말하고 있다.

마태복음에는 예수님께서 "하나님의 성령을 힘입어"[12:28] 귀신을 쫓아내었다고 말씀하신 것으로 인용하고 있다. 예수님은 이러한 왕국의 삶을 살아가는 것에 대한 우리의 완전한 모범이며, 우리는 그에게 권능을 주었고 그를 통하여 일하신 성령님이 우리들 또한 인도하신다는 사실에 격려를 받을 수 있다.

예수님께서는 구하는 모두에게 성령의 선물을 약속하셨다. "오직 성령이 너희에게 임하시면 너희가 권능을 받고 예루살렘과 온 유대와 사마리아와 땅끝까지 이르러 내 증인이 되리라 하시니라"(행 1:8). 성령의 기름부으심은 우리에게 그리스도의 이름으로 위대한 일들을 성취하기 위해서 그리고 우리의 증거와 선포가 효과적인 것이 되게 하기 위해서 필요한 담대함과 능력을 준다.

이것은 놀랍게도 우리가 하나님의 아들로서 또한 그의 신성을 분담하는 자이기 때문이다.

> 그의 신기한 능력으로 생명과 경건에 속한 모든 것을 우리에게 주셨으니 이는 자기의 영광과 덕으로써 우리를 부르신 자를 앎으로 말미암음이라 이로써 그 보배롭고 지극히 큰 약속을 우리에게 주사 이 약속으로 말미암아 너희로 정욕을 인하여 세상에서 썩어질 것을 피하여 신의 성품에 참예하는 자가 되게 하려 하셨으니(벧후 1:3-4)

우리가 예수님을 우리의 구주로 믿을 때, 성령님께서 우리 속에 거하시기 위해서 오시는데, 그는 우리를 하나님의 성품에 참예하는 자의 자리에 놓으신다. 율법에 매인 종은 하나님 아버지의 신성을 가지지 못하고, 단지 하나님이 절실히 필요하다는 깨달음만을 갖는다. 하지만 아들로서 우리는 성령님의 내주를 통하여 "아바, 아버지!"라고 부르짖을 수 있다.

우리가 영적인 삶에 있어서 성장하고 성숙해지는 것은 우리의 구주와의 관계와 성령님의 보증을 통해서이다. 한편 우리는 또한 다음의 지위를 갖게 된다. 한 번 우리가 예수 그리스도에 대한 믿음을 통해서 구원의 선물을 받으면, 우리는 천국의 시민으로서 그리고 하나님의 아들과 딸로서 편입이 된다. 그리고 아들과 딸로서, 우리는 또한 상속자이다. 이러한 지위들의 권세와 그 유익들을 좀 더 탐구해보자.

하나님의 아들로서 사는 것

우리가 주목해온 대로, 하나님의 가족 속으로 들어오는 유일한 길은 예수 그리스도 안에 있는 신생 혹은 구원을 통해서이다. 이것이 일어날 때, 우리에게 주어지는 축복들 중의 하나는 하나님의 가족으로 입양되는 것이다. 우리에게 하나님의 아들과 딸이 되는 측량할 수 없는 특권이 주어졌다. 바울이 그의 서신서들 가운데 두 곳에서 이것을 언급하고 있다. "그 기쁘신 뜻대로 우리를 예정하사 예수 그리스도로 말미암아 자기의 아들들이 되게 하셨으니"(엡 1:5). "율법 아래 있는 자들을 속량[배상, 보상]하시고 우리로 아들의 명분을 얻게 하려 하심이라[그리고 하나님의 아들들로서 인정되게 하려 하심이라]"(갈 4:5).

성인 신분으로 입양됨

입양(adoption)에 해당하는 신약성경의 단어는 **후이오테시안**(huiothesian)인데, "성인 아들의 지위를 주다"라는 의미가 있다. 우리는 하나님의 가족으로 입양될 뿐만 아니라, 성인 아들의 지위의 모든 특권들과 책임들을 누린다. 성경해설주석서(Victor Books, 1996)에서 발췌한 다음의 글에서 워런 위어스비(Warren W. Wiersbe)는 이러한 개념에 대해서 이렇게 설명하고 있다.

우리는 그리스도를 믿는 믿음에 의해서 하나님의 가족으로 태어난 하나님의 자녀들이다. 그러나 하나님의 모든 자녀는 자동적으로 아들로서 가족 안에서의 지위를 가지며, 아들로서 그는 아들의 법적인 권리와 특권을 가진다. 한 죄인이 그리스도를 믿고 구원받으면, 그의 조건에 관한 한, 그는 자랄 필요가 있는 "영적인 아기(spiritual babe)"(벧전 2:2-3)이다. 그러나 그의 지위에 관한 한 그는 하나님 아버지의 부요를 끌어 쓸 수 있고 아들로서의 모든 놀라운 특권들을 행사할 수 있는 성인 아들이다.

이것은 하나님의 아들과 딸이라는 우리의 지위에 관한 강력한 진술이다. 우리가 그리스도 안에서 가지고 있는 영적인 부요를 누리기 위해서 기다릴 필요가 없다. 바울이 가르치기를,

> 내가 또 말하노니 유업을 이을 자[상속자]가 모든 것의 주인이나 어렸을 동안에는 종과 다름이 없어서 그 아버지의 정한 때까지 후견인과 청지기 아래 있나니 이와 같이 우리[유대인 그리스도인]도 어렸을 때에 이 [히브리 의식의 지배와] 세상 초등 학문 아래 있어서 종노릇 하였더니(갈 4:1-3)

로마법에 의하면, 고아가 된 아이라면 누구라도 나이가 14세가 될 때까지는 보호자(guardian)나 후견인(tutor)의 관리 아래 놓여져야 했다. 그 후 그 상속자가 25세의 나이에 이를 때까지 그 유산은 신탁된 관리인이 감독했다. 25세의 나이가 되어서야 그 상속자는 자기의 유산을 인수할 수 있었다.

또한 로마의 문화에 있어서, 부유한 가정의 자녀들은 종에 의해서 돌보아졌다. 그 주인이 하인에게 명령하면, 그 하인이 다시 아이에게 명령하는 식이었다. 핵심을 말하자면, 아이의 지위와 하인의 지위가 별 차이가 없었다.

바로 이 예화를 사용하여, 바울은 어떻게 그와 그의 동족 유대인들이 율법에 매인 종이었는지를 설명하고 있다. 율법은 이스라엘

국가를 훈육하고 그리스도의 오심을 맞이할 준비를 시키는 보호자 (guardian)로서 섬겼다. 그들은 기초적이고 초보적인 원리들이나 초등학문, 즉 영적인 ABC과정으로 훈련되고 있었다.

하지만 율법이 하나님의 마지막 계시는 아니었고, 그것은 예수님의 계시를 위한 준비였다. 아이가 초등학문을 배우는 것은 중요하지만, 만약 그가 그것을 넘어서지 못한다면 그는 결코 성숙되지 못할 것이다. 이것이 바로 바울 시대의 종교적인 율법주의자들이 빠져있던 문제였다. 예수님께서 오신 후에도 단지 율법에만 초점을 맞추고 있던 사람들은 그들의 완전한 유산을 받아들일 수 없었다. 그들은 그들에게 상속된 아들로서 누려야 할 자유를 향해서 나아가기보다는 율법 아래 남아있기를 선택했다.

모세의 율법은 죄를 드러내고 어느 정도까지는 행동을 통제할 수 있었지만, 죄책감이 있는 죄인을 용서해 줄 수는 없었다. 오히려 그것은 사람과 하나님 사이의 분리를 더 두드러지게 하였다. 마치 성전을 둘러싸고 있던 담과 지성소로 들어가는 입구를 막고 있던 휘장처럼. 율법은 누구도 하나님 앞에 상속자로 세울 수 없었다.

하지만 예수 안에 있는 믿음은 그러한 것 모두를 바꾼다. 바울이 말하기를 "너희가 다 믿음으로 말미암아 그리스도 예수 안에서 하나님의 아들이 되었으니 누구든지 그리스도와 합하여 세례(침례)를 받은 자는 그리스도로 옷 입었느니라"(갈 3:26-27).

우리가 그리스도로 옷 입을 때, 우리는 낡고 더러운 자아 옷을 벗어

놓고 의의 옷을 입고 있는 것이다. 새로운 영적인 신분을 설명하기 위한 의복에 대한 유추는 갈라디아의 새 신자들에게는 친근한 것이었던 것 같다. 로마의 아이가 나이가 차면, 그의 어릴 때의 옷을 벗고 토가(toga)라는 자주색 줄무늬가 있는 흰 양털 옷을 입었다. 이 옷은 성인이 되었다는 상징으로서 소중히 간직되었다.

동일한 신분이 주어짐

신자들은 새로운 성인의 옷을 입게 된다는 것뿐만 아니라, 모두가 그리스도 안에서 하나라는 놀라운 계시를 바울이 전하고 있다. 신자들 가운데 배타성이라는 것은 있을 수 없다. "너희는 유대인이나 헬라인이나 종이나 자주자나 남자나 여자 없이 다 그리스도 예수 안에서 하나이니라 너희가 그리스도께 속한 자면 곧 아브라함의 자손이요 약속대로 유업을 이을 자니라"(28-29절).

유대인들은 하나님의 언약백성이라는 자긍심을 가지고 있었는데, 그들 외에는 모두 하나님의 저주 아래 있는 것으로 간주되었다. 반면에, 헬라인들은 문화적으로 특권을 누리고 있는 것에 대해서 자긍심을 가지고 있었고, 그 외의 모든 사람들은 야만인으로 분류되었다. 하지만 이러한 차별은 더 이상 유효하지 않게 되었다. 예수 안에서는 모두가 약속에 따른 상속인이 된다.

바울은 신자들에게는 유대인이나 헬라인이나 종이나 자주자나 남자나 여자의 차별이 없다고 말함으로써 청중들을 계속 놀라게 하고 있었다. 갈라디아 사회에 있어서, 종은 재산의 일부분이었다. 여자는 갇혀 지내야 되었고 경시되었다. 바리새인들은 스스로 우월감을 가지고 있었다. 워런 위어스비가 성경해설주석에 다음과 같이 기록하였다. "바리새인들은 매일 아침에 '내가 이방인이 아닌 유대인임을, 여자가 아닌 남자임을, 종이 아닌 자유인임을 하나님께 감사하나이다'라고 기도하곤 했다. 그러나 이제 이러한 차별들은 '그리스도 안에서' 모두 제거되었다."

그리스도를 통한 우리와 하나님과의 관계 속에서는, 어떤 사람의 인종이나 성별이나 정치적인 신분이 제약(handicap)이 될 수 없다. 그리스도 안에서 모든 사람이 동일한 신분에 놓이게 된다.

하나님께서 아브라함의 씨에게 약속을 주셨는데, 그 씨가 바로 그리스도였다. 우리가 그리스도 안에 있을 때, 우리도 역시 아브라함의 씨이다. 우리가 바로 아브라함의 자녀들에게 약속하신 축복들의 수여자들이다. 비록 우리가 육체적으로 이스라엘 국가에 태어나지는 않았을지라도, 하나님께서 아브라함에게 주신 약속 때문에 우리는 하나님의 아들로서 부요케 된다. 우리가 은혜로 그리스도 안에서 가지고 있는 모든 것들을 깨달음으로써, 우리의 영적인 삶의 걸음걸음이 새로운 의미를 가지도록 해야 한다.

하나님의 상속자로서 살기

우리가 자녀로서의 우리의 신분을 이해하고 있는 이제, 비로소 우리가 하나님의 상속자(후사)라는 사실을 붙들기 시작할 수 있다. 우리는 강력한 유산을 가지고 있는데, 그것은 미래가 아닌 지금 우리에게 사용가능하다. "너희가 아들인고로 하나님이 그 아들의 영을 우리 마음 가운데 보내사 아바 아버지라 부르게 하셨느니라 그러므로 네가 이 후로는 종이 아니요 아들이니 아들이면 하나님으로 말미암아 유업을 이을 자니라"(갈 4:6-7).

상속자(heir)에 해당하는 헬라어는 **클레이노모스(kleinomos)**인데, "신적인 약속들의 수여자"를 의미한다. 상속자는 자녀의 신분과 연관이 있다. 상속자는 자녀의 신분이 갖는 권리에 의해서 그에게 분배된 재산을 받는 자이다. 이러한 유산은 하나님의 왕국에 관련되어 있다. 예수님께서 "그러므로 내가 너희에게 이르노니 하나님의 나라를 너희는 빼앗기고 그 나라의 열매 맺는 백성이 받으리라"고 말씀하셨다(마 21:43).

예수님께서 이 말씀을 그를 믿기를 거절하는 당시의 유대인들에게 하셨지만, 그 메시지는 오늘날 우리에게도 똑같이 적용이 된다. 하나님의 왕국과 그 능력은 그의 의로운 길들을 거절함으로써 그리스도에게 신실하게 남아있지 못하는 자들로부터 거둬질 것이다. 그것은 대신에 세상으로부터 그들을 분리시키고 먼저 하나님의 나라와 그의 의를 구하는 자들에게 주어질 것이다. 우리가 그리스도와 그의 의로운 길들을 받아들일 때, 우리는 하나님의 자녀와 상속자가 되는데, 우리의 유산은 하나님의 왕국이다.

우리는 하나님의 상속자일 뿐만 아니라 또한 그리스도와 함께 하는 공동 상속자이다. 예수님께 주어졌던 모든 것이 우리에게 유효하다. "자녀이면 또한 후사 곧 하나님의 후사요 그리스도와 함께한 후사니 우리가 그와 함께 영광을 받기 위하여 고난도 함께 받아야 될 것이니라"(롬 8:17). 공동 상속자는 함께 유산을 받는 사람이다. 그것은 유업에 공동 참여하는 것을 포함한다. 우리는 그리스도와 함께 한 상속자(후사)이며, 그래서 하나님의 왕국을 확장하는 일에 함께 참여하도록 부름을 받고 있다.

그리스도와의 공동 상속자로서의 우리의 지위는 구원받으면서부터 시작된다. 장자인 그리스도에게 속한 모든 것은 그의 형제요 자매인 우리에게도 속한다. 이것은 그의 재림 시에 그와 함께 받는 우리의 영광뿐만 아니라 지금 현재 그와 함께 받는 고난도 포함한다. 우리의 권리들 속으로 들어가기 위해서 유산 전체를 받아들여야 하는데, 그것은 영광뿐만 아니라 고난도 포함하는 것이다.

이것이 주님께서 우리가 승리자로서가 아니라 희생자로서 삶을 살아가기를 원하신다는 것을 의미하는가? 절대 그렇지 않다. 하지만 우리는 분투와 역경과 핍박의 때 모두를 경험하게 될 것이다. 또한 대적으로부터의 유혹도 경험할 것이다. 뒤의 5장에서 살펴보겠지만, 만약 우리가 우리의 목적과 가는 길과 소명의 완전한 성취를 얻기를 원하고 면류관을 쓰기를 원한다면, 십자가 또한 받아들여야만 한다. 예수님께서는 우리의 인격에 관심이 있는 것만큼 우리의 기름부음에도 관심이 있으시다. 우리는 매일 스스로에게 죽어야 한다. 우리가 진정한 자유를 발견하고, 그리스도의 부활의 능력과 생명을 가지고 살아가기 시작하는 것은 바로 이 전적인 복종의 자리에서부터이다. 우리가 기꺼이 죽어야 하지만, 십자가의 부활의 측면 또한 받아들여야 한다는 말이다.

서방교회에 있는 우리는 우리의 믿음 때문에 심한 핍박의 위협에 직면하지는 않는다. 행복하게도 우리는 우리가 선택한 대로 예배할 수 있는 나라에 살고 있다. 하지만 우리는 신앙생활하는 가운데 안일함과 수동적인 자세에 떨어지지 않도록 주의해야 한다. 그렇지 않으면 우리가 누리고 있는 자유들을 잃게 될 것이다. 세계의 무려 2억 명이나 되는 많은 형제와 자매들이 그들의 신앙 때문에 매일 고통을 겪고 있다. 북한, 베트남, 라오스, 이란, 중국, 이집트, 모로코, 이라크, 사우디아라비아, 인도네시아를 비롯한 많은 나라들에서는 예수님의 이름을 믿는 것 때문에 감옥에 가고, 고문당하며, 혹은 살해될 수가 있다. 어떤 나라들에서는 기독교로 개종한 자들이 그들의 가족들로부터 살해당한다.

세계의 남자와 여자와 어린이들이 마치 예수님, 베드로, 바울, 그리고 스데반처럼 그들의 신앙에 대한 값비싼 대가를 치르고 있다. 신자가 되는 것이 분투, 역경, 시련, 환난, 그리고 핍박들이 없을 것이라는 것을 보장해주지 않는다. 아니 꼭 그 반대이다. 고난은 하나님 나라의 복음을 전파하고 열방을 제자로 만들라는 소명의 한 부분이다.

보좌에로의 진입

면류관이 예수님의 이름을 믿으며 죽는 모든 사람을 기다리고 있지만, 우리는 우리의 유산을 받기 위해서 죽을 때까지 기다릴 필요가 없다는 것을 보아왔다. 우리의 신앙은 우리의 위대한 대제사장과 같이 우리도 그리스도의 피를 통해서 보좌가 있는 방과 왕의 유산의 모든 혜택들에게로 나아갈 수 있다는 것을 의미한다. 다음 성경구절은 그것이 우리가 그리스도 안에서 누구인지를 말해주기 때문에 내가 가장 좋아하는 것들 중의 하나이다. "오직 너희는 택하신 족속이요 왕같은 제사장들이요 거룩한 나라요 그의 소유된 백성이니 이는 너희를 어두운데서 불러내어 그의 기이한 빛에 들어가게 하신 자의 아름다운 덕을 선전하게 하려 하심이라"(벧전 2:9).

소유(belonging)에 해당하는 헬라어는 **페리포이에신(peripoiesin)**이다. 이것은 하나님의 상속자인 동시에 그리스도와의 공동 상속자로서의 우리의 신분을 가리킨다. 우리는 다음과 같은 신분을 가지고 있다.

- 따로 분리된 나라
- 하나님 자신의 소유로 봉헌된 백성
- 하나님께로 성별된 부류
- 값으로 산 백성
- 획득한 백성
- 목적을 위한 백성
- 활동을 위한 백성

지상에서의 우리의 삶에 관한 또 다른 구절은 이것이다. "우리로 하여금 빛 가운데서 성도의 기업의 부분을 얻기에 합당하게 하신 아버지께 감사하게 하시기를 원하노라 그가 우리를 흑암의 권세에서 건져내사 그의 사랑의 아들의 나라로 옮기셨으니"(골 1:12-13).

이 유산은 "할당된 몫의 덩어리"로 또한 번역될 수 있으며, 그것은 약속의 땅이 이스라엘 백성들에게 어떻게 주어졌는지에 대해서 시사하고 있다. 그들이 가나안에 도달했을 때, 여호수아는 어느 지파가 그 땅의 어느 덩어리를 받을지를 결정하기 위해서 제비를 뽑았다.

우리의 유산은 또한 빛의 왕국이라는 땅에 부속되어 있다. 우리 주님께서는 우리를 어두움의 포악한 통치로부터 구원하시고 우리를 그 자신에게로 이끄셨는데, 그것은 비뚤어지고, 무지하며, 어두운 학정과 독재로부터 잘 정비된 주권통치로의 이전이었다. 이 성경 구절에 사용된 언어는 어떤 일상의 사소한 사건을 묘사하고 있지 않다. 강력한 정복자이신 예수님께서 우리를 한 상황으로부터 강탈해서 다른 한 상황으로 옮겨놓으셨다. 우리는 지금 그의 왕국의 한 부분이며, 진정한 왕의 통치하에 있다.

얼마나 놀라운 지위인가? 우리는 예수님과 우리의 삶 속에 있는 성령님의 보증을 통하여 유력한 유산을 받기 위해서 자세를 취하고 있으며; 이 지상에 영향력을 주기 위한 목적을 위하여 하나님의 성인 자녀들로서 환영받고 있으며; 우리는 하나님의 후사요 그리스도와 함께 한 후사이며; 우리의 유산은 우리가 다스리도록 부름받은 땅이며; 우리는 목적과 행동을 위해서 지음받은 다리를 놓은 역할을 하는 왕같은 제사장이며; 우리는 하나님께 예배하고 교제하기 위하여 하나님의 보좌가 있는 방에 들어갈 수 있는 은혜를 가지는 축복을 받고 있다.

이제 우리가 어떤 영향을 받지 않으면 안 되었는지-에덴동산에서의 타락의 영향들은 무엇이었는지-를 살펴보고, 주님을 위해서 지상에서 견지해야 할 우리의 사명을 이해해 보도록 하자.

제 4 장

피조세계는 열망을 가지고 기다리고 있다
Creation Waits with Eager Expectation

아담이 사단에게 그의 다스리는 권세를 넘겨주었을 때, 피조세계는 타락의 노예가 되었다. 악이 세상에 들어와 자리를 잡도록 초청함으로 말미암아, 아담은 피조세계를 죄와 타락과 부패의 속박 속으로 이끌었다. 그와 마찬가지로, 우리가 죄된 행동들과 반역행위를 받아들일 때, 우리는 우리가 부름받은 영역에 영향을 미치게 된다. 우리의 불경건하고 악한 선택들의 결과들 중의 하나는 이 땅 위에 더해진 저주와 더럽힘이다. "땅이 슬퍼하고 쇠잔하며 세계가 쇠약하고 쇠잔하며… 땅이 또한 그 거민 아래서 더럽게 되었으니 이는 그들이 율법을 범하며 율례를 어기며 영원한 언약을 파하였음이라 그러므로 저주가 땅을 삼켰고"(사 24:4-6).

하나님께서 피조세계와의 관계에 대해서 사람에게 주었던 지침을 회상해보자.

하나님이 가라사대 우리의 형상을 따라 우리의 모양대로 우리가 사람을 만들고 그로 바다의 고기와 공중의 새와 육축과 온 땅과 땅에 기는 모든 것을 다스리게 하자 하시고 하나님이 자기 형상 곧 하나님의 형상대로 사람을 창조하시되 남자와 여자를 창조하시고 하나님이 그들에게 복을 주시며 그들에게 이르시되 생육하고 번성하여 땅에 충만하라 땅을 정복하라 바다의 고기와 공중의 새와 땅에 움직이는 모든 생물을 다스리라 하시니라(창 1:26-28)

이 명령의 대부분이 아직까지 성취되지 않은 것은 명백하다. 선한 청지기로서 지구를 책임감 있게 돌보고, 하나님께로부터 받은 지혜로써 지구를 다스리는 대신에, 우리는 죄를 범하며 땅을 더럽히기를 계속하고 있다. 사실, 인류는 피조세계를 정복하는 대신에 경배하고 있다. 경배의 대상 혹은 가르침을 받기 위해서 물어보는 대상으로서의 "어머니 지구(Mother Earth)" 개념(concept)은 우리 창조주에 대항한 죄악들의 긴 목록에 하나를 더 보태는 것이다.

지금까지 우리는 두 가지 격동적인 사건들이 우리에게 주어진 피조세계에 대한 다스리는 권세에 영향을 주었다는 것을 보아왔다. 아담이 죄를 범했고, 지구는 타락의 장소가 되었다. 하지만 그 후에 예수님께서 십자가에서 죄와 사망을 정복했다. 이러한 사실이 지금의 우리와 피조세계와의 관계에 어떤 영향을 미치고 있는가? 우리 현재의 지위에 영향을 주는 또 다른 하나의 성경적인 사건을 조사함으로써 이에 대한 우리의 토론을 시작하도록 하겠는데, 그것은 대홍수 이후에 하나님께서 노아와 지구에 주셨던 명령과 약속이다.

노아와 맺은 하나님의 언약

에덴동산에서의 타락으로부터 노아의 시대까지 인류는 점점 더 사악해져갔다. 사람들은 욕정과 폭력성에 따라 움직였고, 우리 하나님 아버지께 대항하여 거친 말들을 쏟아냈다. 슬프게도 이것이 오늘날의 우리 문화를 생각나게 한다. 사람의 악한 행동 때문에, 주님께서 슬퍼하셨고 근심에 잠기셨다.

> 여호와께서 사람의 죄악이 세상에 관영함과 그 마음의 생각의 모든 계획이 항상 악할 뿐임을 보시고 땅위에 사람 지으셨음을 한탄하사 마음에 근심하시고 가라사대 나의 창조한 사람을 내가 지면에서 쓸어버리되 사람으로부터 육축과 기는 것과 공중의 새까지 그리하리니 이는 내가 그것을 지었음을 한탄함이니라 하시니라 (창 6:5-7)

하나님의 감정표현에 주목하라. 그의 마음은 근심으로 가득 찼다. 하나님께서 슬픔과 후회를 느낄 수 있다는 이러한 계시는 그가 그의 피조물들과 개인적이고도 친근한 교제를 나누신다는 것을 명확히 해주고 있다. 하나님께서는 항상 자신의 일을 하고 계신데, 그 일의 중심은 우리의 형편에 대한 관심이신 것 같다.

슬퍼하셨다(grieved)라는 단어는 하나님의 관용과 자비의 태도가 지금 심판 때에 나타나고 있다는 것을 함축한다. 비록 하나님의 속성과 궁극적인 목적들은 변하지 않고 남아있을지라도, 그의 사랑과 완전성은 그가 인류를 공의롭게 다루시게 한다.

지상에 만연된 반역 가운데서도, 하나님께서는 그와의 관계를 여전히 유지하고 있는 한 사람을 찾아내었다. "노아는 의인이요 당세에 완전한 자라 그가 하나님과 동행하였으며"(9절). 하나님의 은혜로 노아는 그가 속한 사회의 사악한 길을 따라 살지 아니하였고 하나님과 함께 의롭게 사는 길을 택했는데, 이것 때문에 그는 은혜를 입었다. 노아와 그의 가족이 파멸로부터 보호될 것이었다.

> 때에 온 땅이 하나님 앞에 패괴하여 강포[폭력, 신성모독, 침해, 불법, 권력욕]가 땅에 충만한지라 하나님이 보신즉 땅이 패괴하였으니 이는 땅에서 모든 혈육 있는 자의 행위가 패괴함이었더라 하나님이 노아에게 이르시되 모든 혈육 있는 자의 강포가 땅에 가득하므로 그 끝날이 내 앞에 이르렀으니 내가 그들을 땅과 함께 멸하리라(11-13절)

하나님께서 노아에게 땅이 사람 때문에 강포와 패괴함과 황폐함으로 가득 찼다고 말씀하셨다. 인간의 강포, 신성모독, 성욕, 권력욕, 그리고 모든 형태의 불경건함이 땅에 영향을 미쳤고 하나님의 심판을 불렀다. 그래서 그 사악한 사람들과 땅의 동물들 대부분을 포함하여 파멸될 것이었다. 물론 하나님께서 세상을 완전히 없애시는 것은 아니었지만, 홍수를 통하여 땅과 그 위의 사람들을 멸하려고 하셨는데, 그것은 모든 인류를 파멸시킬 뿐만 아니라 사람의 거처로서의 땅의 표면도 파멸시키시려는 것이었다. 하지만 노아와 그의 가족은 큰 방주를 짓고 그 안에 들어감으로써 구출되었다.

우리 모두 어떻게 40일 낮과 40일 밤 동안에 비가 내렸는지에 관한 이야기를 잘 알고 있다. 성경은 우리에게 "노아 육백세 되던 해 이월 곧 그 달 십칠일이라 그날에 큰 깊음의 샘들이 터지며 하늘의 창들이 열려"라고 말하고 있다(창 7:11). 노아와 그의 가족과 짝을 이룬 다양한 동물들은 377일 동안 방주 안에 있었다. 땅이 말랐을 때, 방주 안에 있던 모든 생명체들이 밖으로 나왔다.

그 새로운 세상에서 노아가 제일 먼저 한 일은 제단을 쌓고 주님께 예배하는 것이었다. 그 제사의 향기가 주님을 기쁘시게 했다.

> 노아가 여호와를 위하여 단을 쌓고 모든 정결한 짐승 중에서와 모든 정결한 새 중에서 취하여 번제로 단에 드렸더니 여호와께서 그 향기를 흠향하시고 그 중심에 이르시되 내가 다시는 사람으로 인하여 땅을 저주하지 아니하리니 이는 사람의 마음의 계획하는 바가 어려서부터 악함이라 내가 전에 행한 것 같이 모든 생물을 멸하지 아니하리니 땅이 있을 동안에는 심음과 거둠과 추위와 더위

와 여름과 겨울과 낮과 밤이 쉬지 아니하리라(창 8:20-22)

하나님께서 그의 진노를 죄인들의 세상에 퍼부으신 후에, 지상에 남은 소수의 남은 자들에게 동정심을 가지셨다. 하나님께서는 인류를 사랑하시고 그의 자녀들 모두와의 관계를 원하신다는 것을 기억하라. 에덴동산에 처음 죄가 들어왔을 때 그가 땅을 저주하셨고, 거기에 홍수로 인한 저주를 더하셨다. 하지만 그의 심판에 이어서, 사람의 악한 생각과 행위에도 불구하고, 주님은 땅과 그 위의 생명체들에게 결코 다시는 이와 같이 저주하지 않을 것을 결심하셨다.

여기에서 우리는 에덴동산에서의 인류의 지위에 대한 회복을 보기 시작하는 것이다. 다음의 이러한 구절들에서 이미 익히 아는 위임명령이 다시 등장하는 것에 주의하라.

> 하나님이 노아와 그 아들들에게 복을 주시며 그들에게 이르시되 생육하고 번성하여 땅에 충만하라 땅의 모든 짐승과 공중의 모든 새와 땅에 기는 모든 것과 바다의 모든 고기가 너희를 두려워하며 너희를 무서워하리니 이들은 너희 손에 붙이웠음이라(창 9:1-2)

하나님께서 아담에게 말씀하셨듯이 노아에게도 말씀하셨다! 주님께서 그의 이름의 뜻이 "땅의 사람"인 노아에게 생육하고 번성하여 충만하라는 명령을 주셨고, 그의 보살핌과 권위와 직임(stewardship)

아래 모든 생명체들을 두셨다. 노아의 타락하고 범죄한 상태에도 불구하고, 주님께서는 피조세계를 다스리고 지배하고 돌보는 데 그와 함께 동역하기를 원하신다는 그의 희망을 표현하셨다.

더 나아가 주님께서는 그가 결코 다시는 홍수로 세상과 모든 생명체들을 멸절하지 않으시겠다고 약속하셨다. 그는 이 약속(mandate)을 무지개 언약으로 보증하셨다.

> 하나님이 노아와 그와 함께 한 아들들에게 일러 가라사대 내가 내 언약을 너희와 너희 후손과 너희와 함께한 모든 생물 곧 너희와 함께한 새와 육축과 땅의 모든 생물에게 세우리니 방주에서 나온 모든 것 곧 땅의 모든 짐승에게니라 내가 너희와 언약을 세우리니 다시는 모든 생물을 홍수로 멸하지 아니할 것이라 땅을 침몰할 홍수가 다시 있지 아니하리라 하나님이 가라사대 내가 나와 너희와 및 너희와 함께 하는 모든 생물 사이에 영세까지 세우는 언약[엄숙한 서약]의 증거는 이것이라 내가 내 무지개를 구름 속에 두었나니 이것이 나의 세상과의 언약의 증거니라 내가 구름으로 땅을 덮을 때에 무지개가 구름 속에 나타나면 내가 나와 너희와 및 혈기 있는 모든 생물사이의 내 언약을 [열심히] 기억하리니 다시는 물이 모든 혈기 있는 자를 멸하는 홍수가 되지 아니할지라 무지개가 구름 사이에 있으리니 내가 보고 나 하나님과 땅의 무릇 혈기 있는 모든 생물 사이에 된 영원한 언약을 [열심히] 기억하리라 하나님이 노아에게 또 이르시되 내가 나와 땅에 있는 모든 생물 사

이에 세운 언약의 증거가 이것이라 하셨더라(8-9절)

하나님께서 노아와 새 언약을 맺으셨다. 결코 다시는 홍수로 사람과 땅을 멸하지 않겠노라고. 만약 노아와 그의 후손들이 주님의 위임명령(mandate)을 존중하면, 그들은 그의 축복을 경험할 것이며 땅은 풍작으로 응답할 것이었다.

우리는 불행하게도 인류가 다시 노골적인 사악함에 떨어지게 되는데 오랜 시간이 걸리지 않았다는 것을 알고 있다. 그에 대한 하나님의 응답은 무엇이었는가? 수세기 후에 그는 아브라함을 부르셨고 그와 새 언약을 세우셨는데, 그것은 아브라함의 후손이 하늘의 별과 같이 많을 것이며, 그로 인하여 지구상의 모든 가족들이 복을 받을 것을 약속하는 것이었다.

우리는 구약성경을 통하여 다음과 같은 패턴을 보고 있다. 주님께서 사람과 피조세계와의 관계에 대한 그의 영의 새로운 움직임에 관한 계시를 주시며 새 언약을 세우신다. 또 다른 예는 여호수아이다. 나는 광야에서의 40년 이후에, 한 세대가 자유와 유산과 땅을 소유하는 것에 대한 개념을 붙잡았다. 이제 간략하게 그의 이야기를 살펴보려고 하는데, 그것이 우리에게 안식하는 땅과 사람들의 그림을 보여주기 때문이다.

안식하는 땅

모세는 애굽의 속박으로부터 이스라엘 민족을 구출하도록 부름받은 구원자였다. 그는 그 민족을 속박으로부터 아브라함의 후손에게 약속되었던 가나안 땅으로 인도했다. 40년의 광야에서의 여정 동안에, 그의 수종자였던 여호수아는 모세와 주님을 회막에서 섬겼다. 그는 주님의 임재와 음성을 알았던 젊은이였다.

> 모세가 회막에 들어갈 때에 구름 기둥이 내려 회막문에 서며 여호와께서 모세와 말씀하시니… 사람이 그 친구와 이야기함 같이 여호와께서는 모세와 대면하여 말씀하시며 모세는 진으로 돌아오나 그 수종자 눈의 아들 청년 여호수아는 회막을 떠나지 아니하니라 (출 33:9,11)

약속의 땅을 취할 때가 되었을 때, 이스라엘 민족을 승리로 이끌었던 사람은 바로 여호수아였다. 그 민족이 그들의 유산을 취하였을 때, 주님께서는 그들에게 우상들에게 절하고 이방신들을 섬기는 그들의 모든 대적들을 쫓아내라고 명하셨다. 그리고 이스라엘 백성들의 발이 닿는 모든 땅을 주님께서 그들에게 주셨다. 땅을 취하려는 그들의 순종과 신실함 때문에, 이스라엘 민족과 그 땅 스스로가 안식을 경험했다.

여호와께서 이스라엘의 열조에게 맹세하사 주마 하신 온 땅을 이와 같이 이스라엘에게 다 주셨으므로 그들이 그것을 얻어 거기 거하였으며 여호와께서 그들의 사방에 안식을 주셨으되 그 열조에게 맹세하신 대로 하셨으므로 그 모든 대적이 그들을 당한 자가 하나도 없었으니 이는 여호와께서 그들의 모든 대적을 그들의 손에 붙이셨음이라 여호와께서 이스라엘 족속에게 말씀하신 선한 일이 하나도 남음이 없이 다 응하였더라(수 21:43-45)

여호수아와 그의 세대가 살아있는 동안에는 이스라엘 민족은 승리와 약속의 땅에서 누리는 안식을 경험했다. 하지만 백성들은 그들의 신실함을 유지하지 못했고, 스스로를 다시 한 번 저주의 영향력 아래 종속시켰다.

주님께서는 사람들이 그와의 언약 안에서 살아가는 데에 거듭 실패함에도 불구하고 아직 한 가지 계획을 가지고 계셨다. 우리가 세상을 다스리는 권세를 가지고 살아가게 하려는 하나님의 목적을 성취할 자는 바로 지상에서의 예수님의 사역과 그와 함께 동역할 남자들과 여자들일 것이었다.

예수님께서 피조세계를 해방시키신다

예수님은 아담 이래로 피조세계에 대한 완전한 통치권을 가지고 지상에 사셨던 첫 번째 사람이셨다. 예로써, 그의 말씀에 바다가 잠잠하게 되었고, 그의 꾸짖음에 무화과나무가 시들어버린 것을 우리는 주목해왔다. 예수님께서 그의 사역기간 동안에 다스리고 통치하며 청지기로 섬기시는 모습을 보여주셨을 뿐만 아니라, 그가 죽을 때에조차도 피조세계는 진정한 왕에게 복종하는 모습을 나타내었다. 마태복음은 예수님의 승리의 희생의 때에 일어났던 능력대결의 그림을 보여준다.

> 예수께서 다시 크게 소리 지르시고 영혼이 떠나시다 이에 성소 휘장이 위로부터 아래까지 찢어져 둘이 되고 땅이 진동하며 바위가 터지고 무덤들이 열리며 자던 성도의 몸이 많이 [살아] 일어나되 예수의 부활 후에 저희가 무덤에서 나와서 거룩한 성에 들어가 많은 사람에게 보이니라 백부장과 및 함께 예수를 지키던 자들이 지진과 그 되는 일들을 보고 심히 두려워하여 가로되 이는 진실로 하나님의 아들이었도다 하더라(마 27:50-54)

피조세계는 하나님의 왕국을 세우고 사단의 왕국을 전복시키는 것으로 응답했다.

예수님께서는 자발적으로 그리고 순종하여 그의 영을 내려놓을 때, 큰 소리로 외치셨다. 이것은 그가 아직 힘차게 기능하고(function) 있었다는 것을 의미한다. 보통 죽음이 임박한 사람들은 말하기 힘들어하는데, 특히 지상에서의 마지막 숨을 내쉴 때 더욱 그렇다. 하지만 예수님은 그렇게 약한 모습으로 그의 영을 내려놓지 않으셨다. 그가 큰 소리로 외쳤는데, 아마 그것은 그의 죽음을 목격하고 있는 사람들에게 뿐만 아니라 사단과 그의 군대인 귀신들의 영적인 왕국에 대한 선언이었을 것이다. 그것은 그가 십자가를 통하여 인류와 피조세계를 구속하는 사명을 성공적으로 완수하셨다는 선포였다.

모든 사람을 위한 구속

예수님께서 그의 영을 내려놓으셨던 그 특별한 때는 제사장들이 유대인들의 죄를 대속하기 위해서 일 년에 한 번씩 유월절 어린 양 제사를 드리는 때와 일치했다. 그때, 예수님이 모든 인류의 죄를 대속하는 궁극적인 희생제물이 되었다. 성전 안에 있던 휘장이 위로부터 아래로 둘로 찢어져서, 유대인과 이방인, 남자와 여자, 자유인과 종을 포함하는 모든 사람들이 예수 그리스도와의 개인적인 관계를 통하여 주님의 임재 안으로 들어갈 수 있는 새로운 길이 열렸다. 더 이상의 짐승 제사는 요구되지 않았다. 예수님께서 모두를 위한 단 한 번의 완전한 제물로 드려졌기 때문에 그런 것들이 필요하지 않았다.

성전 그 자체는 여러 가지 뜰들로 나누어져 있는데, 지성소, 성소, 제사장의 뜰, 이스라엘의 뜰, 여자와 이방인의 뜰이 그것이다. 대략 3-4피트 높이가 되는 분할하는 벽이 성전 구역을 유대인들만이 들어갈 수 있도록 된 안뜰과 이방인의 뜰로 분리하고 있었다. 하지만 이제 더 이상 사람과 하나님과의 관계가 유대 종교지도자들에 의해서 규정된 율법을 지키려고 하는 것에 의해서 좌우되지 않았다. 더 이상 진정한 왕을 예배하고자 하는 사람들의 성별이나 인종이나 종족 혹은 정치적인 지위에 따른 어떤 구별도 있지 않았다.

많은 사람들이 다시 살아났다

사망의 권세가 예수님의 죽음과 부활의 때에 궁극적으로 패퇴되었다. 기적적인 표적들 중의 하나는 무덤들이 열린 것과 많은 죽은 성도들의 몸들이 살아나와 성 안에 나타난 것이었다. 당신은 그들이 나타났던 성 안에 있던 사람들의 반응을 상상할 수 있겠는가? 그것은 사망의 권세가 패퇴된 것을 보는 놀랍고도 경이로운 경험이었음에 틀림이 없었을 것이다.

많은 사람들이 그 무덤들이 지진의 결과로 열렸을 것으로 설명하는데, 이는 매우 설득력이 있는 말이다. 나는 그 헬라어 단어 **아노이고**(anoigo)가 "얼리다"를 뜻하고, 그것을 여는 자로서 하나님이 언급된다는 사실을 알고 재미있어 했다. 그리고 **에게이로**(egeiro)는 "죽은 상태에서 일으켜지다, 일어나다, 깨우다, 다시 살아나다"라는 뜻으로 사용되는 단어이다. 사망의 권세가 예수님에 의해 패퇴될 때, 땅이 더 이상 죽은 자들을 붙들고 있을 수 없었다. 이 일이 또한 구속받은 자들이 다시 일어날 것이며 그의 재림 시에 그와 함께 있게 될 것에 대한 예표가 된다.

땅이 흔들렸고 바위들이 터졌다

성경은 또한 땅(the earth)이 흔들렸고 바위들이 터졌다고 설명하고 있다. 이 **땅(earth)**이라는 용어는 "지구 전체, 모든 땅"을 의미한다. 이것은 골고다 혹은 심지어 예루살렘에만 국한되지 않는다. 전체 피조세계가 흔들렸다. 명백히 이것은 땅 위에 흘려진 우리 구주의 피에 대한 격렬한 반응이었다.

창세기 4장 10절은 가인이 아벨을 죽였을 때, 아벨의 피가 땅으로부터 주님께 부르짖었다고 말하고 있다. 의인이 살해될 때, 그 피가 땅에 흘려지고 공의를 위해서 부르짖는다. 이것이 피가 땅을 더럽힌 첫 번째 경우였는데, 성경을 통하여 우리 또한 죽음, 강포, 우상숭배, 간통, 성적 부도덕, 언약들을 어기는 것, 그리고 또 다른 죄들로 땅과 피조세계를 더럽히고 있다는 것을 알게 된다. [나는 Authority to Tread Chosen, 2005)라는 책에서 땅을 더럽히게 하는 열린 문들과 어떻게 전략적으로 그 땅을 깨끗케 하며 어떻게 이러한 입구들에 있는 어두운 세력들을 깨뜨릴 수 있는지에 관해서 심도있게 설명하고 있다.]

개인적인 차원에서는 예수님의 피가 정결케 하고, 치유하며, 보호하고, 자유케 하며, 용서하고, 풀어놓고, 사망과 사단의 권세를 깨뜨린다고 우리는 이해하고 있다. 우리가 구속받은 것은 바로 그의 피흘리심과 죽으심 그리고 부활을 통해서이다. 하지만 주님께서 우리를 구속하시고 우리의 삶에 역사하는 사단의 궤계를 패퇴시키려고 오셨을 뿐만 아니라 지상에서의 그의 통치를 되찾고 회복시키며 다시 설립하시기 위하여 오셨다. 그의 피가 흘려지고 그가 그의 영을 내려놓았을 때, 그의 피가 우리를 구속하고, 치유하고, 구원하고, 변환시켰을 뿐만 아니라 물질적인 피조세계에도 그렇게 똑같이 했다. 이제 인류의 영혼들과 모든 피조세계를 위해서 땅으로부터 부르짖고 있는 것은 바로 우리 주님의 피이다.

흔들리다(shook)라는 말의 헬라어 단어는 **세이오**(seio)이다. 그것은 "땅 속에서 진동하다, 떨다, 흔들리다, 움직이다 혹은 우주적인 동요를 일으키다"라고 번역된다. 이 단어는 통상적으로 하나님의 진노와 심판의 배경에서 사용된다. 십자가에 못 박히는 장면에서, 우리는 지진이 예수님을 죽였던 사람들에 대한 하나님의 심판의 표시로서 생각할 수 있는데, 그것은 사실일 것이다. 하지만 거기에는 또 다른 하나의 의미가 있다. **세이오**(seio)는 또한 "공포로 인한 감정석인 동요, 군중의 선동 혹은 흥분, 그리고 정부의 일에 대한 전복"을 지칭한다. 우리 구주가 돌아가실 때 온 지구가 흔들렸다. 이러한 흔들림 가운데, 사단의 왕국의 무너짐과 해체와 무장해제가 있었으며, 하나님의 왕국의 정부가 다시 설립되었다.

터지다(split)에 해당하는 헬라어 단어는 **스키조**(schizo)이다. 이 단어는 "깨뜨리다, 자르다, 쪼개다, 나누다, 열다, 째다, 분리하다, 잡아 찢다"라고 번역된다. 그 바위들은 지진에 대한 반응으로 터졌지만, 또한 에덴동산에서 사단이 설립했었던 권세가 무너진 것에 대한 반응으로도 터졌다. 옛 언약은 성취되었으며, 우리가 뒤의 8장에서 토의하겠지만, 그 위에 교회가 세워질 계시의 바위(반석)로서 예수님의 새 언약이 확립되었다. 영적인 영역에서 능력대결이 일어나고 땅을 더럽게 하는 일이 이 땅에서 끊어질 때, 사단과 그의 어두움의 군대는 그들의 지배력을 잃게 되고 이 땅과 나머지 피조세계는 이에 반응하게 된다.

아직도 피조세계는 기다리고 있다

피조세계는 하나님께 영광을 돌리는 목적으로 지어졌으며, 인류가 그것을 정복하도록 의도된 것이었다. 하지만 역사가 시작된 이후의 아담과 인류의 죄의 결과로, 대신에 피조세계는 속박에 시달리게 되었다. 우리가 그곳에서 일하도록 창조된 바로 그 환경이 우리의 불순종 때문에 악화되었다. 피조세계는 속박상태에서 주님께 자유롭게 영광을 돌릴 수 없다. 그러므로 그것은 하나님의 아들들이 그들의 정당한 자리를 취할 것을 열망하면서 기다리고 있다. 다른 말로 하자면, 이 땅은 속박으로부터 자유롭게 되고, 풍성하고 평화로운 상태로 회복되기를 기다리고 있다는 것이다.

바울이 우리와 피조세계와의 관계와 그것이 자유롭게 되는 것을 보는데 있어서의 우리의 역할에 대해서 로마서 8장 18-23절에서 설명하고 있다.

> 생각건대 현재[현세]의 고난은 장차 우리에게 나타날 영광과 족히 비교할 수 없도다
> [심지어 전체] 피조물[자연]의 고대 하는 바는 하나님의 아들들의 나타나는 것[그들이 하나님의 자녀임이 드러나는 것 또는 알려지는 것]이니 피조물[자연]이 허무한데[헛된 것에, 좌절감을 가지고] 굴복하는 것은 자기 뜻이 아니요 오직 굴복케 하시는 이로 말미암음이라 [하지만] 그 바라는 것은 피조물[자연]도 썩어짐의 종노릇한데서 해방되어 하나님의 자녀들의 영광의 자유에 이르는 것이니라 피조물[비이성적인 피조물]이 다 이제까지 함께 탄식하며 함께 고통하는 것을 우리가 아나니 이뿐 아니라 또한 우리 곧 성령의 처음 익은 열매[다가올 더없이 행복한 것들을 미리 맛보는 것]를 받은 우리까지도 속으로 탄식하여 양자 될 것[우리가 하나님의 아들들로서 나타나는 것] 곧 우리 몸의[육욕과 이제 나타날 무덤으로부터의] 구속을 기다리느니라

위의 구절들은 로마서 8장 17절에 기록된 우리가 하나님의 후사(상

속자)요 그리스도와 함께한 후사라는 바울의 선언에 바로 이어진 것인데, 이것은 우리가 3장에서 토론했던 주제이다. 후사로서 현재 경험하는 고난은 앞으로 우리 안에서 우리를 통해서 나타나고 우리에게 주어질 영광과는 비교될 가치조차 없는 것이다. 우리는 밝고 빛나는 유산의 수여자이다. 우리는 우리의 삶과 영원을 통해서 예수님과 함께 다스리고 통치할 것이다.

경외감을 불러일으키며 능력이 있으시며 주권을 가지신 하나님께서 약하고 불완전한 우리들을 함께 이러한 위대한 과업을 수행할 파트너로 택하셨다는 사실은 이해하기가 쉽지 않다. 하지만 진리는 그가 그렇게 하도록 택하셨다는 것이다. 우리는 책임감을 가지고 일해야 할 통치영역에 대한 목적 때문에 창조되었다. 이것이 왜 우리가 모든 좋은 것들이 하나님께로부터 나오고, 그가 주신 모든 좋은 것들이 거저주시는 은혜의 선물이라는 생각을 가지는 것이 매우 중요한 것인가 하는 이유이다. 우리는 우리 스스로 또는 우리 자신의 힘으로 한 것이 아무것도 없다.

위의 구절들에서 바울은 우리 몸의 구속을 말하고 있다. 이것은 알려지지 않은 것을 드러내는 것 혹은 그것에 대한 계시를 통하여 알려지게 한다는 뜻에서 "덮개를 벗기는 것(uncovering)"을 의미한다. 히브리어에서 이 말은 벌거벗은 것 혹은 열려지거나 드러내어질 수 있는 모든 것의 덮개를 벗기는 것을 나타낸다. 우리는 구원을 미래에 대한 약속으로 보아야 할 뿐만 아니라, 새 하늘과 새 땅이 설치될 때에 있어서도 중요한 역할을 하고 있는 것으로 보아야 한다. 베드로가 다음과 같이 말했듯이 "이 모든 것이 이렇게 풀어지리니 너희가 어떠한 사람이 되어야 마땅하뇨 거룩한 행실과 경건함으로 하나님의 날이 임하기[임하는 속도]를 바라보고 간절히 사모하라"(벧후 3:11-12).

그러므로 지금 바로 우리의 몸과 영적인 부분이 일으켜지고 있는 것들로서 보아야 한다. 우리는 우리 주님과 성령님의 인도를 통하여, 천국이 임했다는 소식을 전하며 그리스도를 위하여 잃어버린 자들에게로 나아가고 열방을 제자로 만들면서, 주님을 위하여 지상에 서 있는 자신감 있고 겸손하며 승리에 대한 확신과 기대감이 있는 신자들의 몸이 될 수 있고 또한 되어야 한다. 우리가 이러한 구절들을 앞으로 일어날 어떤 미래의 구속 사건들 때문에 피조세계에 대한 현재의 책임을 회피하는 구실로 삼아서는 안 된다. 이것은 우리가 지금 받아들여야 하는 주님의 명령이다.

이제 우리가 알다시피, 피조세계는 고통으로 신음하면서 속박에서 해방되어 자유를 얻기를 열망을 가지고 간절히 기다리고 있다. **열망(earnest expectation)**이라는 말은 **아포카라도키아**(apokaradokia)라는 헬라어로부터 유래되었다. 이 단어는 실제로 세 헬라어 단어로 구성되어 있는데, **아포(apo)**는 "멀리 떨어져(away)"로 번역되고, **카라(kara)**는 "머리(head)"를 의미하며, **도키엠(dokiem)**은 "주의 깊게 보다(to watch)"를 뜻한다. 함께 연결하면, 그 단어들은 머리를 세우고 쭉 빼서 주의 깊게 살피는 것을 묘사한다. 그것은 전쟁의 승리를 알리는 햇불이나 신호를 기다리는 파수꾼처럼 긴장감을 가지고 기다리는 것을 암시한다.

신음(moaning)에 해당하는 헬라어 단어는 **서스테나조**(sustenazo)이고, **고통**(pains of labor)에 해당하는 것은 **수노디노**(sunodino)이다. 이 두 단어는 전 피조세계가 그 종노릇으로부터 구원받기 위한 산고의 고통으로 함께 연합되어 있다는 것을 나타낸다. 전체 피조세계가 산고로 진통하면서 그리고 구원을 기다리면서 시대를 이어가는 고통으로부터의 구출을 원하며 탄식하고 있다. 그것은 죽음의 진통 때문에 부르짖는 울부짖음이 아니고 출산의 진통 때문이다. 산고 중에 있는 여인이 자기 자녀의 출생에 대한 희망을 가지는 것과 꼭 마찬가지로, 피조세계도 희망과 기대감 속에서 진통을 겪고 있는 것이다.

피조세계(creation)라는 단어가 여기에서는 썩어짐의 종노릇을 하는데 처해진 인류 레벨 아래의 모든 하나님의 피조물들을 일컫는다. 그리고 그것은 자유와 구원의 축복을 받도록 불리어졌다. 좋은 소식은 당신과 나를 포함한 인류가 성령님께서 예수님을 통하여 구속함을 입은 사람들의 삶 속에서 산출해내시는 변화들과 축복들의 첫 열매라는 것이다. 그러므로 첫 열매들로서 우리는 이 지구에 영향력을 행사할 수 있다. 케네쓰 웨스트(Kenneth S. Wuest)는 그의 책 『Word Studies from the Greek New Testament』(Eerdmans, 1997)에서 "피조세계는 우리의 삶과 희망과 관련하여, 활동력이 없거나 전혀 영적이지 않거나 상관없는 것이 아니다. 그것으로부터 나오는 것은 인류의 음악이다."고 말했다.

얼마나 심오한 말인가! 피조세계는 우리가 이 지구라는 영역에서 작곡한 음악을 연주한다. 우리가 오케스트라하는 것을 피조세계는 아주 유명한 지휘자의 지도 아래 잘 연습된 오케스트라로서 연주한다. 만약 피조세계가 인간의 악한 청지기직으로 인하여 종노릇과 썩어짐 가운데의 멜로디로 소리낼 수 있었다면, 그것은 또한 우리가 우리의 정당한 자리를 취할 때 새로 작곡된 자유와 풍성함의 곡을 연주할 수 있을 것이다.

어떻게 피조세계가 반응하는가

나는 더럽혀짐이 깨뜨려지고 하나님의 왕국의 통치가 설립되었을 때, 어떻게 피조세계가 반응하는지에 대한 강력한 예를 나누고 싶다.

내가 이야기하고자 하는 이 특별한 기도팀의 관심은 콜로라도 주에 있는 레인보우 폭포(Rainbow Falls)였는데, 그것은 유티 패스(Ute Pass)로 가는 구 도로 상에 있는 매너투 스프링스(Manitou Springs)에 위치해 있다. 유티 패스는 골드와 실버 러시(역자 주-새로운 황금과 은을 찾아서 사람들이 몰려들던 시기)때 사용되던 도로였다. 그 결과로 이 지역은 탐욕과 맘몬의 영(역자 주-돈을 섬기는 영)의 진입구가 되었다. 게다가 그 폭포에 물을 공급하던 샘이 아메리카 원주민들에 의해서 경배되었는데, "위대한 매너투의 영혼(The Great Spirit of Manitou)"이라고 불리며 많은 원주민(First Nation tribes)의 신성한 장소가 되었다.

우리가 그 폭포를 향하여 길을 내려가는 동안, 엄청난 양의 피흘림이 이 지역에서 일어났다는 것을 느꼈는데, 마치 여러분이 공기를 관통하는 죽음의 기운을 느낄 수 있는 것과 흡사하다. 그것은 너무나 중압적인 것이었다. 무거운 느낌에 더하여 한 때는 피조세계의 아름다웠던 장소였을 거기를 경멸했던 증거가 보였는데, 바위를 가로질러 온갖 낙서들이 있었으며, 물에는 쓰레기가 떠다녔고, 빈 맥주병들이 온 사방에 내동댕이쳐져 있었으며, 가난하고 집없는 사람들이 손으로 지은 피난처로 도망쳐 숨었다. 우리는 이곳에 많은 마법(witchcraft)과 오컬트(occult) 활동이 있었다는 것을 알아챘다.

우리가 폭포 아래쪽으로 다가갔을 때, 종이 봉지에 담긴 술을 가지고 땅바닥에 앉아있는 한 집없는 여인을 우연히 만났다. 우리 팀이 지나갈 때, 그녀는 그 자리를 떴다. 우리는 잠시 시간을 내어 그녀의 구원과 알코올의 속박으로부터의 구출을 위해서 기도했다.

우리가 폭포 아래쪽에 도착하자마자, 팀원들이 주님께서 주신 계시를 말하기 시작했다. 그것은 주님께서 대적이 설립해놓은 견고한 진(stronghold)에 대항하여 싸우라고 우리들을 거기에 보내신 증거였다. 주님께서 이곳이 그 지역에 귀신 활동의 흐름(current)을 허락한 "영적인 분출구(vortex)" 내지는 열린 문(open door)이라고 분명히 말씀하셨다. 그 땅에 있었던 강간과 낙태와 죽음들을 드러내는 예언의 말이 쏟아져 나왔다. 게다가 우리는 임신한 여인들이 배가 갈라져서 죽었었다는 느낌을 가졌다.

주님께서는 우리에게 그곳에 애굽과의 영적인 연결고리가 있었고, 그 땅에 흘린 피는 프리메이슨(Freemasons)에 의해서 저질러졌다는 것을 계시해주셨다. 키빙톤 장군(General Chivington)은 매너투 스프링의 초기 지도자 중의 한 사람이었는데, 그는 프리메이슨 멤버였다. 그는 콜로라도 주에서 일어난 그 유명한 샌드크릭 인디언 대학살(Sand Creek Indian Massacre)에도 책임이 있었다. 우리는 그 지역을 속박하고 있는 애굽과의 모든 연결고리와 함께 키빙톤 장군과 프리메이슨으로부터의 사망의 권세를 깨뜨렸다. 우리는 레인보우 폭포와 샌드크릭 사이에 있는 사망의 연결고리를 끊었다. 우리는 또한 이 사망의 장소로부터 매너투 스프링스 안으로 흐르는 물속에 있는 레비아탄의 영과 모든 귀신의 권세들을 다루었다. 우리와 함께 기도하고 있던 한 지역교회 목사님이 그 땅이 깨끗케 되었다고 선언하며 땅 속에 막대기 하나를 쳐박았다. 그리고 물속에도 똑같이 했다. 그는 매너투를 덮었던 귀신의 영적인 분출구가 닫혔다고 선언했다. 그것은 매우 강력했고 매우 전략적이었다.

이 모든 일을 마치고 우리는 능력 있는 예배시간 속으로 들어갔다. 그때 우리는 그 땅과 물위에 "주님의 외침(a shout of the Lord)"을 풀어놓았다. 그 물이 깨끗케 될 것이며, 더 이상 오염되지 않을 것이고, 그 땅이 모든 더럽혀짐으로부터 깨끗케 될 것이라는 예언적인 선언이 주어졌다. 우리는 그 땅에게 생명을 가져오라고 말했다.

우리가 그 "분출구(vortex)"를 영적으로 청소한지 단 이틀 후에, 그곳이 실제적으로 청소되었는데, 더 가제트(The Gazette)라는 지방신문에 알 스캇 래폴드(R. Scott Rappold)가 쓴 기사에 보고된 대로이다. 우리와 함께 기도했던 매너투 스프링스의 목사님은 그의 교회 밖의 어느 누구에게서도 레인보우 폭포를 분출구(vortex)라고 말하는 것을 들어본 적이 없다고 말했다.

그들은 이곳을 늘 레인보우 폭포(Rainbow Falls)라고 불렀다.

그곳은 유티 인디언들에게는 신성한 장소였다. 황금밭(the gold fields)으로 이르는 첫 번째 길은 그곳을 지나서 관통했다. 매너투 스프링스 주민들 중 여러 명의 조금 더 초자연적인 사람들은 그곳이 "영적인 분출구(spiritual vortex)"라고 믿었다.

하지만 오늘날에는 그곳은 "낙서 폭포(graffiti falls)"라고 냉소적으로 알려져 있다.

"내가 처음 여기에 올라왔을 때 나는 마치 '내가 제대로 찾아온 것인가? 이곳은 너무 고약해.'"라고 펜실베니아에서 매너투 스프링스로 이사 와서 그 폭포에 대해서 들었던 로라 몽고메리 럿(L' Aura Montgomery Rutt)이 말했다.

그녀는 쓰레기 천지인 길들, 개울을 따라 버려진 맥주병들, 물위에 떠다니는 페인트 깡통들, 바위들 위를 장식하고 있는 낙서들로 인해 쇼크를 받았다. 그래서 그녀는 그 지역에서 가장 장엄한 폭포들 중의 하나를 가지고 있는 매너투 스프링스 서쪽의 잘 알려지지 않은 V자 모양의 이 땅을 청소하기로 결정했다.

토요일에 스무 명 가량의 자원봉사자들이 그녀와 합류했는데, 그들이 바랐던 것은 첫째 날에 20피트의 폭포와 수영할 수 있는 구덩이를 가진 이 숨어있는 골짜기를 그 예전의 아름다운 상태로 복구하는 것이었다.

"그것은 단지 엄청나게 눈에 거슬리는 것이었어요. 내가 거기를 차를 몰고 지나갈 때마다, 그것은 나를 괴롭혔어요. 그리고 아무도 무엇인가 하려고 하지 않았지요."라고 강력 세척기로 바위들에 물을 뿌리는 사이에 래인 윌리엄스(Lane Williams)가 말했다

한 때는 관광명소였음에도, 레인보우 폭포는 주정부가 그곳 위로 U.S.하이웨이 24번 도로로 가는 큰 다리를 건설한 이래로 무명의 땅으로 전락했다. 거기로 가는 구 도로 위에는 흙먼지가 쌓여 있었는데, 그곳이 엘 파소(El Paso) 카운티에도 합병되지 않은 매너투 스프링스 시의 경계 밖에 있기 때문에, 아무도 유지할 책임을 떠맡지 않고 있었다.

"이곳은 매너투 지역의 가장 아름다운 곳들 중의 하나이면서 동시에 가장 방치된 지역들 중의 하나입니다."라고 마이크 마이오(Mike Maio)가 파운틴 크릭(Fountain Creek)의 둑에서 채집한 폐품을 하나 가득 담은 쓰레기봉투를 들고 말했다.

이 일을 주동한 사람들이 그곳을 청소하는 일에 대한 도움을 얻기 위해서 매너투 스프링스의 정부를 찾아갔을 때, 비록 시에서 그 일을 할 수 있도록 물 트럭을 빌려는 주겠지만 그것은 자기들 관할권 밖의 일이라고 하였다. 유나이티드 렌탈 회사가 강력 세척기를 공급해주었고, 사벨리 피자 가게에서 자원봉사자들을 위한 먹을 것을 기부해주었다.

쓰레기를 줍는 일은 의외로 쉬웠고, 오히려 낙서를 지우는 일이 더 힘들었다.

그들은 화학약품을 쓰지 않고 그 일을 하기를 원했는데, 사실 강력 세척기는 바위들로부터 페인트를 벗겨내는데 별 도움이 되지 않았다.

"우리가 일을 다 마쳤을 때, 그 일이 큰 영향력을 줄 것 같지는 않지만, 큰 장비들을 내어준 카운티 내에 충분한 죄책감은 유도해낼 수 있을 것이라고 희망적으로 생각합니다."라고 힘든 강력세척작업 중에 휴식을 취하고 있던 윌리엄스가 말했다.

럿은 그곳이 언젠가 카운티 파크(공원)가 될 것을 꿈꾸고 있다. 하지만 지금은 그곳이 어떤 공식적인 주의를 끄는 때라고 해봐야 구조대원들이 바위에 고립된 십대들을 떼어 구출해낼 때가 고작이다.

이 일의 주동자들은 더 많은 청소 일정을 계획하고 있으며, 다음에는 그 페인트칠들을 제거하기 위해서 모래분사기나 다른 장비를 가질 수 있기를 희망했다.

그녀가 매우 조심스럽게 진흙으로부터 깨진 유리조각들을 주워 올리는 동안, 캐더린 가르시아라는 자원봉사자는 그곳이 이 지역의 가장 좋은 파크들 중의 하나가 될 수 있을 것이라고 말했다.

"만약 당신이 폭포를 볼 수 있을 정도로 충분히 아래로 내려간다면, 그곳이 매우 아름다우며 우리가 훌륭하게 보존할 가치가 있다는 것을 알게 될거예요. 그것은 제가 여기에서 본 가장 큰 폭포예요."라고 그녀는 말했다.

우리가 섬기는 하나님은 얼마나 경이로운 분이신가? 친구여, 우리가 주님께서 우리를 부르시는 영역 안에 서 있을 때, 이 지구상에 변화가 나타나기 시작할 것이네. 이제 피조세계와 관련된 우리 유산의 약속에 대해서 좀 더 깊이 조사해보도록 하자.

온유한 자가 땅을 기업으로 얻을 것이요

하나님께서는 우리가 하나님 왕국의 메시지를 전하고, 그의 교회를 세우고 성숙케 하기를 원하실 뿐만 아니라, 그를 위하여 지상에 굳게 서는 것 또한 원하신다. 피조세계는 그것을 화해시키기 위해서 하나님의 백성들이 순종해서 일어서기까지는 자유케 되지 않을 것이다.

예수님께서는 온유한 자가 땅을 기업으로 얻을 것이라고 말씀하셨다. 여기에서 온유한 자가 된다는 것이 매우 다루기 쉬운 약한 사람이 되는 것을 의미하지 않는다. 예수님께서는 하나님의 성전을 그들의 물건을 파는 장소로 만드는 자들에게 화를 내셨다. 그는 그들의 상과 의자를 엎으셨으며, 그 어느 누구도 성전 뜰을 거쳐 장사할 물건들을 가져오는 것을 허락하지 않으셨으며, 그들을 성전을 강도의 굴혈로 만드는 자로 비난하셨다(막 11:15-17을 보라). 모세는 겸손했다—사실 그는 지상에서 가장 온유한 자라고 불리었다(민 12:3을 보라)—하지만 그는 이스라엘 민족을 위하여 바로에 대항해서 굳게 섰으며 기적적인 기사와 표적들을 행했다. 필요할 때면, 그들은 성령의 기름부으심 안에서 담대하였고 강직하였다. 우리는 온유하다는 것을 열정이나 권위나 능력이 모자란 것으로 오해해서는 안 된다. 온유함은 친절함, 담대한 믿음과 결합된 겸손함, 그리고 주님께 대한 전적인 복종의 상태이다.

우리가 주님께 복종하는 온유한 삶을 살아갈 때 주어지는 약속은 지구를 유업으로 받는 것이다. **지구(earth)**라는 단어는 **땅(land)**으로도 번역할 수 있다. 그것은 우리에게 소유할 재산으로서 그 일부분이 주어져있다는 것을 의미한다. 나는 이러한 종류의 온유함의 강력한 모델과 그 온유함이 인류와 피조세계에 미치는 기적적이고도 완전하게 변화시키는 결과를 함께 나누기 원한다. 다음은 사라 폴락이 쓴 이야기이다.

범죄가 너무 없어서 감옥은 닫혀있고, 농작물의 수확은 크고 풍성한 한 마을을 상상해보라. 이러한 예는 아마 에덴동산에서나 가능할 것이다.

하지만 이러한 일이 과테말라의 한 작은 마을에서 일어나고 있는데, 거기는 영적인 부흥이 놀라운 변화(transformation)를 가져온 곳이다.

과테말라의 서쪽 산맥의 높은 곳에 우리를 튼 알모롱가(Almolonga)라고 불리는 작은 마을이 있다. 여기의 경제적인 조건들은 국가의 평균치에서 훨씬 벗어난 것으로 입증되고 있다.

알모롱가의 18,000명의 주민들의 대부분은 농부들이다. 경작과 관개를 포함한 대부분의 일들이 아직 손으로 행해진다. 알모롱가 마을을 과테말라의 다른 농가 마을들과 다르게 만드는 것은 그 마을의 믿을 수 없을 정도의 엄청난 농산물 수확량이다.

연중 여덟 번 있는 추수 시기 동안의 한 전형적인 장날에, 몇 톤씩이나 되는 신선한 야채들이 수출을 위하여 그 마을 센터에 모아진다. 거기에서 그것들이 큰 트렉터 트레일러에 실어진다. 하루에 약 40여 대의 트럭들이 서쪽의 반구에서 자란 최상의 농산물들 중 얼마를 싣고 알모롱가를 떠난다. 이 마을이 "미국의 야채밭"이라고 불리는 것은 놀라운 일이 아니다.

그러나 야채 외에도 알모롱가를 색다르게 하는 다른 무엇이 있다. 그리고 그것이 바로 주민들이 "예수님이 알모롱가의 주인입니다."라고 쓰여 있는 마을 입구의 표지판들에 대해서 말하고 싶어 하는 것이다. 그리고 그것이 이 모든 차이를 만들어내었다.

주안 리스카체(Juan Riscajche)는 전형적인 알모롱가의 농부이다. 그의 강한 크리스천 믿음은 그에게 있어서 그가 사랑스럽게 손으로 돌보는 야채들만큼 실제적이다. "명백히 이것은 하나님으로부터 직접 오는 축복입니다. 왜냐하면 우리는 그가 전체 지구의 주인인 것을 알기 때문입니다. 그리고 그는 우리에게 씨를 공급해 주시는 분이기도 합니다. 그래서 우리가 하는 단 한 가지 일은 그의 가르침을 따르는 것이고, 우리가 얻은 그 결과를 당신은 눈으로 볼 수 있습니다."라고 주안이 설명했다.

그의 아들인 마리아노 리스카체(Mariano Riscajche)는 그 마을에서 가장 큰 교회 중의 하나인 "갈보리 교회(El Calvario)"의 목사이다.

마리아노는 하나님께서 처음 그의 주의를 끌었던 날을 생생하게 기억하고 있다. "그때가 1974년이었는데, 어느 날 나는 정말 술에 많이

취해서 길을 걷고 있었습니다. 그때 한 음성을 들었는데, '마리아노!' 첫 번째, '마리아노!' 두 번째, 그리고 세 번째에 '마리아노! 내가 너를 내게로 오도록 택했다!' 라는 것이었습니다"라며 그는 회상했다.

마리아노는 1970년대에 알모롱가를 휩쓸었던 초자연적인 회심의 물결에 첫 은혜를 받은 사람들 중의 하나였다. 한 동안의 강렬한 영적인 전쟁이 회개와 성결에로의 부르심에 뒤따랐다. 그는 우리에게 그가 한 술 취한 사람으로부터 귀신을 쫓아내도록 인도받는 것을 느꼈던 한 특별한 사건에 대해서 이야기를 들려주었다.

"그리고 갑자기 그 사람의 목에서부터 한 쉰 목소리가 나왔는데, '안 돼! 안 돼! 이것은 내 소유이고, 너는 그것을 내게서 빼앗아갈 수 없어. 나는 강하며, 이 모든 마을은 나의 영역이고, 아무도 여기에 들어오거나 침범할 수 없어!' 라며 말했습니다."라고 마리아노가 말했다.

그 귀신은 그 목사에게 그의 이름은 "맥시몬(Maximon)"이라고 말했다. 과테말라에서 오래도록 맥시몬의 우상들이 섬겨져 왔는데, 우리는 인근의 주닐(Zunil)이라는 마을에서 이와 비슷한 것을 발견했다. 촛불들이 켜져 있고 독주와 담배들이 한 우상에게 바쳐져 있었는데, 그 우상은 가룟 유다와 정복자 페드로스 알바라도(Conquistador Pedros Alvarado) 그리고 마야의 신인 "리 라이 만(Ry Laj Man)"의 조화라고 불리어진다.

마리아노는 그가 누구를 다루고 있는지 그리고 어떻게 반응해야 하는지를 정확히 알고 있었다.

그래서 마리아노가 말했다. "잠잠하라! 이제 너와 이 마을을 억누르던 권세를 취할 때가 되었다. 지금 이 순간 하나님의 성령께서 나를 덮고 계신다! 그를 놓아주어라!' 그리고 즉시로 그 사람이 자유케 되었다!"

그리고 그 마을이 자유케 되었다. 지금 알모롱가 사람들의 90퍼센트 이상이 거듭난 크리스천이라고 추정되고 있다. 한 세대 전에는 단지 4개의 교회만이 여기에 있었다. 오늘날은 23개가 있다. 마지막 감옥이 1988년에 문을 닫았다. 이 마을에는 실제적으로 범죄가 없다. 통상적인 인사말의 형태는 "형제(hermano)"이다.

한때 만연된 알코올 중독이 있었던 곳에서, 술집은 문을 닫았거나 철거되었으며 교회당으로 재건축되었다. 갈보리 교회가 세워진 자리가 예전에 알모롱가의 가장 큰 살롱이 있던 곳이었다.

당신이 보는 모든 곳에 축복과 풍요함이 뚜렷하다. 당나귀를 사기 위해서 인색하게 살던 사람들이 지금은 토요다 픽업을 몰고 있다. 그리고 야채를 실어 나르기 위한 트레일러들은 대부분 메르세데스 벤츠 트럭을 끈다.

과테말라 시티에 있는 엘 샤다이 교회의 해럴드 까벨로스(harold Cabelleros) 목사는 회개와 부흥이 알모롱가를 완전히 바꾸어 놓았다고 말하고 있다.

"사람들이 생각하는 심리와 방법 그리고 형태들이 너무나 극적으로 변화되었다. 죽음, 알코올 중독, 우상숭배 그리고 마법의 문화로부터 오로지 하나님의 나라를 확장하려는 것에 관해서만 생각하는 오늘날의 문화 즉 번영과 축복과 치유 그리고 부흥과 연관된 모든 것에 관한 문화로 변화되었다."고 해럴드는 말했다.

알모롱가의 기적이 절대로 독특한 것이 되어서는 안 된다고 마리아노는 말하고 있다. "하나님께서 여기에서 하신 일은 세계 어느 곳에서나 일어날 수 있습니다. 주님께서 하기를 원하시는 것은 그가 어느 곳에서든지 그의 능력으로 사람들을 보다 더 나은 삶으로 이끄실 수 있다는 것을 보여주는 것입니다."라고 마리아노는 말한다.

알모롱가의 시민들과 그 땅은 기적적인 구원을 경험해왔는데, 그것은 죄와 어두움의 지배로부터 승리와 공급과 풍요의 삶이 있는 자유에로의 구원이었다. 본질적으로, 그 시민들은 사랑과 애정을 가지고 그 땅을 품고 다루었다. 그것은 시온 곧 예루살렘과 교회에 관한 주님의 약속을 잘 반영하는 "관계(relationship)"이다.

> 나[이사야]는 시온의 공의가 빛 같이 예루살렘의 구원이 횃불 같이 나타나도록 시온을 위하여 잠잠하지 아니하며 예루살렘을 위하여 쉬지 아니할 것인즉 열방이 네 공의와 정의[너의 의로움과 공정함-너 자신의 것이 아니고 여호와가 너에게 준]를 열왕이 다 네 영광을 볼 것이요 너는 여호와의 입으로 정하실 새 이름으로

일컬음이 될 것이며 너는 또 여호와의 손의 아름다운[영광스럽고 풍성한] 면류관 네 하나님의 손의 [몹시 아름다운] 왕관이 될 것이라 다시는 너[유다]를 버리운 자라 칭하지 아니하며 다시는 네 땅을 황무지라 칭하지 아니하고 오직 너를 헵시바[나의 기쁨이 너 안에 있음]라 하며 네 땅을 뿔라[결혼한]라 하리니 이는 여호와께서 너를 기뻐하실 것이며 네 땅이 결혼한[주님께 소유되고 보호받는] 바가 될 것임이라 마치 청년이 처녀[오 예루살렘이여]와 결혼함같이 네 아들들이 너를 취하겠고 신랑이 신부를 기뻐함 같이 네 하나님이 너를 기뻐하시리라(사 62:1-5)

예수님께서 예루살렘 땅이 더 이상 버려지거나 황폐된 상태로 있지 않고 기쁨과 결혼의 장소가 될 것이라고 약속하셨다. 결혼은 서로를 묶는 언약이다. 도성과 그 거민들이 하나님과 정당한 관계 속에 있다면, 그 땅은 주님께 소유되고 보호될 것이며 그러므로 번영할 것이다.

그렇다. 위의 성경구절은 예루살렘이 하나님의 영광과 의로 가득 차게 될 한 날에 관해서 말하고 있는 예언이다. 하지만 진리는 그 땅의 거민들이 더 이상 그것을 방치하지 않고, 그것을 옹호하며, 마치 청년이 처녀와 결혼할 때처럼 그것으로 인해서 기뻐할 때에, 그 땅이 산물을 내기를 시작할 것이라는 것이다. 그 땅의 원주민과 거민들이 주님과 그의 의 앞에 바로 서고, 그것을 섬기고, 그것으로 인해서 즐거워하며, 그곳을 다른 땅보다 더 낫게 여기며, 그 땅에 있는 그들의 몫을 취하기로 결심할 때, 그것은 그 땅에 대한 상속과 보증의 약속들을 풀어놓는다. 알모롱가는 단지 주님과의 그러한 언약 축복을 경험하고 있는 것이다. "하나님께서 여기에서 하신 일은 세계 어느 곳에서나 일어날 수 있습니다."라고 그곳 사람들이 고백하는 그대로이다.

앞으로 더 나가기

얼마나 강력한 부흥과 변혁의 메시지인가! 우리 하나님은 그의 소유된 백성과 땅을 원하시는 참으로 경이로우신 하나님이다. 사랑하는 자여, 이것은 당신과 나에게도 적용되는 것이다. 얼마나 우리가 우리의 전능하시고 주권자 되시는 하나님의 변화시키시는 능력을 갈망해야 하는가! 우리 개인의 삶에서 뿐만 아니라 우리의 가족들과 이웃들과 도시들과 주들과 나라들에서, 피조세계는 자유케 되기를 기다리고 있다.

이제 앞으로 더 나아가 이러한 자유를 어떻게 우리 개인의 삶에 적용할지에 대해서 배우도록 하자. 이것이 우리를 우리가 하나님께 할당받은 영역들에 영향력을 미치는 자리로 안내할 것이다.

제 5 장
개인적인 영역을 확립하는 것
Establishing Personal Dominion

우리는 너무 오랫동안 세상에 있는 타락의 희생자들의 마음(mindset)을 따르며 살아왔다. 우리는 왕으로서의 해방감과 자유함을 가지고 사는 대신에 아직도 저주 아래 있는 자들처럼 살고 있다. 그리스도 안에서 우리가 누구인지 그리고 그 안에서 가지고 있는 우리의 지위에 대한 이해에 어떤 변화(shift)가 있어야 한다. 우리 모두가 타락된 본성을 가지고 태어났다는 것이 사실이며, 우리 모두 죄를 지었고 또 지을 것이다. 그럼에도 우리는 우리의 지위에 대한 생각을 포로로부터 정복자로 그리고 생존자로부터 승리자로 자리바꿈할 필요가 있다.

성경은 우리에게 생명과 경건에 속한 모든 것이 주어져 있다고 말하고 있다. 하나님께서는 그를 예배하고 섬기는 일을 위해서 따로 구별해두신 생명을 얻기에 필요한 모든 것을 우리 각 사람이 유용하게 사용할 수 있게 하셨다. 하지만 이러한 것들이 가만히 있다고 해서 저절로 얻어지지는 않는다. 여기에 대해서 바울이 우리에게 지침을 주고 있다.

> 그러므로 나의 사랑하는 자들아 너희가 [항상 나의 권면을 순종했던 것처럼] 나 있을 때 뿐 아니라 더욱 지금 나 없을 때에도 [너희들이 보여줄 그 열심을 가지고] 항상 복종하여 두렵고 떨림으로 [자기를 신뢰하지 말고, 심히 조심하면서, 부드러운 양심을 가지고, 유혹을 경계하며, 하나님께 죄를 짓는 것과 그리스도의 이름을 부끄럽게 하는 모든 일에 소스라치게 겁을 내며] 너희 구원을 이루라 [경작하라, 목표까지 일을 수행하라, 완전히 마쳐라](빌 2:12)

영적인 여정은 항상 진행되는 한 과정(process)이며, 그것은 항상 훈련을 포함하고 있다. 하나님께서 우리를 더 높은 단계로 데려가시면서, 우리의 삶 가운데 갑자기 운행하실 때에조차도, 우리는 그 새로운 자리에 요구되는 복종심을 개발할 필요가 있다. 예를 들어 앞장에서 살펴본 과테말라의 알모롱가의 놀라운 이야기 속에서, 그 사람들은 하나님의 축복에, 다가올 훨씬 더 큰 부흥과 변혁에 찬양을 올리며, 더 많은 기도와 영적인 전쟁 그리고 귀신을 쫓아내는 일과 복종으로 열렬히 응답해왔다. 이러한 점에서 우리에게 우리의 영적인 축복(well-being)과 관련한 적극적인 역할이 주어져 있다. 우리가 직면하고 있는 이슈들과 문제들은 우리가 이 땅을 다스리는 권세로의 소명의 길(destiny)을 받아들이기 전까지는 사라지지 않을 것이다. 그리고 그때의 그 과정(process)은 승리가 유지되는 생활양식(lifestyle)이 되어야 한다. 다른 말로 하면, 우리는 우리의 구원을 마지막까지 이루기 위해서 주님과 우리와의 관계를 잘 가꾸어야(cultivate) 한다는 것이다.

이 장에서는 개인적으로 다스리는 영역(dominion)에서의 성장을 위한 여덟 가지 단계에 대해서 논의하고자 한다.

1. 죄짓는 것을 멈추어라

우리의 다스리는 영역을 설립하기 위한 그 첫 번째 단계는 옛 자아로부터 새로운 자아로 돌아서는 것이다.

> 너희는 유혹의 욕심을 따라 썩어져 가는 구습을 좇는 옛 사람을 벗어 버리고 [너희의 새롭게 되지 않은 옛 자아를 던져버리고] 오직 심령으로 새롭게 되어 [신선한 정신적이고 영적인 태도를 가지고] 하나님을 따라 [하나님처럼] 의와 진리의 거룩함으로 지으심을 받은 새 사람[새롭게 된 자아]을 입으라(엡 4:22-24)

개인적인 다스리는 영역에서 살아가기 위해서, 우리는 옛 자아를 내려놓고, 죄성을 벗어버리고, 악한 욕정과 갈망을 무장해제하고, 그리스도를 닮은 새로운 본성을 받아들여야 한다. 심지어 죄성을 가지고도, 우리는 죄된 생활패턴들을 이겨내고, 이생에서 의롭고 경건한 삶을 살 수 있다. 나는 크리스천들이 얼마 동안 죄 없이 살 수 있는 경건의 자리에 도달하는 것이 가능하다고 믿는다. 우리가 매일 주님을 찾고, 그에게 우리를 유혹으로부터 지켜달라고 구할 때, 성령님께서 우리 안에서 또한 우리를 통하여 우리의 삶을 돕기 위해서 일하신다.

우리가 죄를 지을 때, 아마도 우리가 반복된 죄의 생활패턴에 굴복할 때에 특별히, 우리는 대적에게 우리의 개인적인 삶과 영역들에 대한 통로를 열어주게 된다. 에베소서 4장 27절에서 바울이 우리에게 "마귀로 [그러한] 틈(room or foothold)을 타지 못하게 하라 [그에게 아무 기회도 주지 말라]"고 가르치고 있다. **틈(foothold)**에 해당되는 헬라어는 **토포스(topos)**이다. 그것은 "장소, 위치, 지역, 방, 기회"로 변역된다. 그것은 어떤 지리적인 지역이나 특정한 장소를 함축한다. 우리가 죄를 지을 때, 우리는 마귀에게 우리에게 영향력을 미치는 장소나 자리나 영역뿐만 아니라 우리의 삶을 침범하고 우리를 속박상태로 묶을 견고한 진을 설치할 기회를 주고 있는 것이다. 승리를 쟁취하기 위해서, 우리는 오래된 죄된 생활패턴을 버리고 그리스도를 통하여 새로운 본성을 받아들여야 한다.

2. 하나님 아버지의 사랑을 받아들여라

셀 수 없는 많은 사람들이 하나님 아버지와 사랑의 관계를 맺지 못함으로써 다스리는 소명의 삶을 상실한다. 슬프게도, 많은 사람들이 이 세상의 아버지와 어머니로부터 부정적인 것들을 경험해왔다. 어떤 사람들은 애정이 없는 부모 혹은 부모가 없는 상태에서 자랐다. 다른 어떤 사람들은 감정적으로 그리고 언어적으로 학대하는 부모, 육체적으로 학대하는 부모, 약물중독인 부모, 성적으로 학대하는 부모, 권위적인 부모를 가졌다. 이것이 타락된 세상의 슬픈 그림일 뿐만 아니라, 왜 두려움과 불안이 종종 다른 관계들에까지-심지어 우리에게 아낌없는 사랑만을 주시는 하늘 아버지와의 관계에까지-나타나는지를 설명해준다. 이러한 이 세상에서의 고통을 경험해 온 이들은 자신이 하나님의 아들이나 딸이 되는 개념을 환영할 수가 없으며, 오히려 그들은 그들의 왕적인 유산에 대해서 버림받은 것 같고 분리된 것 같은 느낌을 갖는다.

하나님께서는 우리가 헤아릴 수 있는 것 이상으로 우리를 사랑하신다. 그는 우리를 너무 사랑하셔서 우리와 개인적인 관계를 가지기 위해서 우리 각 사람을 그의 형상으로 그를 닮도록(in His image and likeness) 지으셨다. 그는 우리가 죄와 어두움의 권세로부터 자유케 될 수 있도록 우리 죄에 대한 대속을 이루기 위하여 그의 독생자를 십자가에서 죽게 내어주셨다. 그는 우리를 그의 자녀와 후사(상속자)로서 그의 왕국으로 환영하고 계신다. 우리는 거기에서 오로지 그만을 예배하며 받들기 위한 열망을 가지고 영원을 보낼 것이다.

사랑받던 사도였던 요한이 이렇게 말했다. "보라 아버지께서 어떠한 사랑을 우리에게 주사 하나님의 자녀라 일컬음을 얻게 하셨는고 우리가 그러하도다 그러므로 세상이 우리를 알지 못함은 그를 알지 못함이니라"(요일 3:1). **사랑(love)**에 해당하는 헬라어는 **아가페**

(agape)인데, 그것은 풍성한 사랑 곧 사랑의 축연(feast)을 일컫는다. 그것은 끝이 없는 넘치는(extravagant) 사랑이다. 그것은 하나님의 깊은 본성을 드러내는데, 그것은 하나님은 사랑이시라는 것이다.

만약 당신이 이것을 읽고 있는 동안 과거의 상처들 때문에 마치 당신은 이러한 사랑을 받을 수 없는 것처럼 느낀다면, 당신이 자유케됨(deliverance)과 내적치유를 얻는 것을 도울 수 있는 목회자를 찾아보는 것을 고려해보라. 지금이 피해의식의 감옥으로부터 나와서 하나님 아버지의 넘치는 사랑의 자유 속으로 나아갈 때이다. 이것은 개인적인 통치영역(dominion)에서 살아가는 중요한 부분인데, 바로 당신이 스스로의 힘으로 승리를 얻을 수 없다고 하는 이슈들에 대해서 당신 자신을 기도와 자유케 됨(deliverance)과 내적치유에 맡기는 것이다.

주님을 찾고, 그를 예배하며, 그에게 만져주심과 그의 더 많은 것을 당신에게 계시해주기를 구하는 것을 시작하라. 당신 자신을 주님의 분명한 임재를 경험하고 있는 그룹과 연결되게 함으로써, 그의 더 많은 것을 받을 수 있는 분위기 속에 당신 자신을 두라. 주님께 당신을 더 깊은 그의 임재 속으로 데려다주기를 구하라. 신령과 진리 안에서 그를 예배하고, 그를 더 알기 위하여 깊은 관계 속으로 밀고 나아가라. 그는 신실하신 하나님이시다.

3. 다른 사람들을 사랑하라

우리가 우리 아버지 하나님의 사랑을 받아들이고 확신 속에서 성장해나갈 때, 이 사랑이 우리와 다른 사람들과의 관계 속으로 넘쳐 흘러 들어갈 것이다.

사랑은 그리스도와 함께 다스리기를 원하는 모든 사람을 위한 지배하는 원리이다. 당신과 나는 큰 능력으로 일할 수 있고 놀라운 기적들이 일어나는 것을 목도할 수 있다. 하지만 만약 우리가 사랑을 가지지 못하면, 우리는 아무것도 아니며 아무것도 얻지 못한다. 우리는 다른 사람들을 돕고 위로하며 축복할 수 있도록, 성령 안에서 살아가기를 진심으로 갈망해야 한다. 바울이 사랑에 관한 그의 완전한 가르침에서 이것을 우리에게 말하고 있다.

> 내가 사람의 방언과 천사의 말을 할지라도 사랑이 없으면 소리 나는 구리와 울리는 꽹과리가 되고 내가 예언하는 능이 있어 모든 비밀과 모든 지식을 알고 또 산을 옮길 만한 모든 믿음이 있을지라도 사랑이 없으면 내가 아무 것도 아니요 내가 내게 있는 모든 것으로 구제하고 또 내 몸을 불사르게 내어줄지라도 사랑이 없으면 내게 아무 유익이 없느니라 사랑은 오래 참고 사랑은 온유하며 투기하는 자가 되지 아니하며 사랑은 자랑하지 아니하며 교만하지 아니하며 무례히 행치 아니하며 자기의 유익을 구치 아니하며 성내지 아니하며 악한 것을 생각지 아니하며 불의를 기뻐하지 아니하며 진리와 함께 기뻐하고 모든 것을 참으며 모든 것을 믿으며 모든 것을 바라며 모든 것을 견디느니라(고전 13:1-7)

주님과 동행하는 우리의 삶의 모든 국면은 그와의 관계이든지 혹은 지상에서의 그의 몸이든지 간에 관계에 기초하고 있다. 위의 구절들로부터 우리는 사랑이 결핍된 신자는 영적으로 잃어버린 상태에 있다는 논지를 세울 수 있을 지도 모르는데, 그것은 진정한 회심 경험이 일어나지 않았을 가능성을 의미하는 것이다.

예수님께서는 우리가 성령 안에서 하나가 되기를 갈망하고 계시며, 우리가 하나됨을 추구하도록 기도하셨다.

> 내가 비옵는 것은 이 사람들만 위함이 아니요 또 저희 말을 인하여 나를 믿는 사람들도 위함이니 아버지께서 내 안에 내가 아버지 안에 있는 것 같이 저희도 다 하나가 되어 우리 안에 있게 하사 세상으로 아버지께서 나를 보내신 것을 믿게 하옵소서 내게 주신 영광을 내가 저희에게 주었사오니 이는 우리가 하나가 된것 같이 저희도 하나가 되게 하려 함이니이다 곧 내가 저희 안에 아버지께서 내 안에 계셔 저희로 온전함을 이루어 하나가 되게 하려 함은 아버지께서 나를 보내신것과 또 나를 사랑하심 같이 저희도 사랑하신 것을 세상으로 알게 하려 함이로소이다(요 17:20-23)

우리의 하늘 아버지는 그의 자녀들 모두를 향하여 사랑이 많고 자비로우시며 은혜로우시다. 우리는 이러한 사랑을 받을 자격을 갖출 수 있는 그 무엇도 한 것이 없다. 그는 우리가 이것을 그의 몸의 나머지 사람들과 함께 나누기를 우리에게 요구하고 있다.

4. 다른 사람들을 용서하라

하나님 아버지께서는 우리가 또한 용서하도록 요구하신다. 그는 우리 각 사람을 우리 죄의 빚으로부터 풀어놓아주시기까지 신실하게 용서를 베푸신다. 그리고 그 보답으로 우리가 우리에게 죄지은 자들을 용서해줄 것을 기대하신다. 우리는 "사랑장"으로부터 우리가 죄를 범한 자로부터의 사과를 기다리거나 혹은 그의 잘못들을 기록하여 보관하고 있어서는 안 된다는 것을 알고 있다. 용서의 선택은 사과나 보상에 대한 어떠한 기대도 없어야 한다. 용서는 생활양식(lifestyle)에 대한 선택이다.

예수님께서 이렇게 말씀하셨다. "너희가 사람의 과실을 용서하면 너희 천부께서도 너희 과실을 용서하시려니와 너희가 사람의 과실을 용서하지 아니하면 너희 아버지께서도 너희 과실을 용서하지 아니하시리라"(마 6:14-15). 크리스천은 다른 사람들의 죄를 용서할 준비가 되어 있어야 하고, 또 기꺼이 그렇게 하려고 해야 한다. 만약 우리가 용서하지 않으면, 우리 하늘 아버지께서도 우리 죄를 용서하지 않으실 것이다.

이것에 관해서 생각해보라. 예수님께서 십자가에 달렸을 때, 그는 "아버지여 저희를 사하여 주옵소서 자기의 하는 것을 알지 못함이니이다"(눅 23:34)라고 울부짖으셨다. 예수님께서는 그의 생명을 취하려 하는 자들로부터의 사과를 기다리지 않으셨다. 그의 추종자들인 우리는 그의 모범을 본보기로 삼아야 한다.

나는 내가 배신감 때문에 깊이 상처를 받았던 때를 잘 기억하고 있다. 그때 나는 곧 쓰라린 생각들을 품게 되었다. 하지만 나는 곧 비록 내가 "옳은 편에 있었을지라도", 내가 패배자가 되었다는 것을 깨달았다. 그것은 주님과 나 사이에 "벽"이 점점 더 커져가고 있다는 것을 느꼈기 때문이었다. 마침내 내가 용서치 않는 죄에 붙들려 있다는 것을 인정하게 되었을 때, 나는 그 죄를 고백하고 회개하기로 결심했다. 나는 그 모든 상처를 주님께 내어놓고, 나를 그토록 화나게 했던 사람들을 그의 사랑으로 사랑할 수 있도록 도와달라고 구했다.

그는 이 기도에 신실하게 응답하셨다. 이로 인하여 내 마음은 초자연적인 방법에 의해서 그들을 향한 사랑과 동정심으로 넘치게 되었다. 그의 자비 때문에, 나의 순종함이 열매를 맺을 수 있었다. 오늘날까지 나는 그들과 보내는 시간을 진정으로 즐기고 있다. 그때의 쓰라린 괴로움이 내 마음에 뿌리를 내리지 않았다.

나는 이제 우리를 핍박하는 자들을 축복하는 것의 능력을 이해할 수 있다. 상처를 받는 상황이 생길 때, 우리의 반응이 매우 중요하다. 용서를 선택하는 것은 개인적으로 다스리는 통치영역을 설립하는데 도움을 주는데, 그것이 우리 안에 그리스도의 인격을 산출해내기 때문이다. 용서는 또한 대적의 등을 깨부순다. 나는 나의 크리스천으로서의 삶을 통해서 주님께서 나의 싸움을 나보다 훨씬 더 성공적으로 싸우실 수 있다는 것을 배웠다. 그는 회복을 위한 일을 하고 계시다. 만약 하나님께서 우리를 위하시면, 누가 우리를 대적할 수 있겠는가?

5. 복종을 통하여 권위 안에서 자라가라

개인적인 통치영역 안에서 자라가는 것에 대한 기본적인 교의들(tenets) 중의 하나는 권위에 복종하는 것이다. 그것 없이는 우리는 결코 진정한 자유를 가질 수 없을 것이다. 이것은 우리의 결혼과 가정 생활 가운데 서로서로 복종하는 것, 일터에서 고용주에게 그리스도와 같은 태도로 복종하는 것, 영적인 권위를 가진 자들에게 복종하는 것, 다스리는 권위를 가진 자들에게 복종하는 것, 그리고 하나님의 말씀과 주님께 복종하는 것을 포함한다. 복종이 없다면, 권위도 없을 것이다.

예수님께서는 고난과 그것을 이겨냄을 통하여 순종을 배우셨다. 그는 그의 생명을 기꺼이 내어놓을 정도까지 순종을 배웠는데, 중얼거림이나 불평이나 피해의식 없이 그렇게 하셨다. 이와 똑같은 일이 우리에게도 적용이 되어야 한다. 복종을 하며 살기 위해서, 우리는 하나님 아버지와 그의 말씀 그리고 그의 모든 길에 대해서 순종하는 삶을 살아야 한다. 예수님의 순종은 하나님의 왕국을 위한 것이었는데, 우리의 순종도 그와 같아야 한다.

개인적인 통치영역을 다스리며 살기 위해서 우리가 복종심을 가지고 일해야 할 주된 영역들에 대해서 간략히 논의해보자.

• 우리의 가정에서

우리의 가정은 주님의 사랑을 나타내는 좋은 예증이 되어야 한다.

남편과 아내는 사랑 안에서 서로 복종해야 한다.

> 아내들이여 자기 남편에게 복종하기를 주께 하듯 하라 이는 남편이 아내의 머리됨이 그리스도께서 교회의 머리됨과 같음이니 그가 친히 몸의 구주시니라 그러나 교회가 그리스도에게 하듯 아내들도 범사에 그 남편에게 복종할지니라(엡 5:22-24)

바울은 이 구절을 쓰면서 그것을 그리스도와 교회 사이의 관계와 친교 그리고 영적인 결합과 비교하면서 남편과 아내 사이의 영적인 결합을 말하고 있었다. 실제적으로, 여기에서 사용된 **머리(head)** 혹은 **지도자(leader)**에 해당하는 헬라어는 많은 성경 학자들이 **근원(source)**으로 번역하는 **케팔레(kephale)**인데, 강의 머리가 그 근원이라는 의미에서이다. 이것은 아담이 하와가 창조된 근원이라는 것을 암시한다.

남편과 아내와의 관계는 군림이 아닌 사랑의 관계를 의미한다. 그리스도는 교회를 너무 사랑하여 교회를 위하여 그 자신을 주었다. 그래서 남편의 사랑은 그의 아내와 가족을 소중히 여기며 기꺼이 그들을 위하여 희생하려는 자세를 보여야 한다. 아내는 남편과 함께 주님이 지시하시는 대로 그들의 관계를 이끌고 섬기는 일에 파트너가 되어야 한다. 결혼은 주님이 경배되고 그의 왕국계획이 진전되는 팀 관계이며, 파트너 관계이고, 사랑의 관계이다.

자녀들은 그들이 주님의 훈육과 가르침 속에서 양육되고 있다고 할 때 그들의 부모에게 복종해야만 한다. 그리고 자녀들이 더 나이가 많아지더라도 그들의 부모에게 경의와 존경을 표해야 한다. "자녀들아 너희 부모를 주 안에서 순종하라 이것이 옳으니라 네 아버지와 어머니를 공경하라 이것이 약속 있는 첫 계명이니 이는 네가 잘 되고 땅에서 장수하리라"(엡 6:1-3). 십계명 중에 이것이 특별한 약속이 있는 첫 번째인데, 만약 그렇게 순종하면 주님으로부터 장수와 형통한 삶의 축복이 있다는 것을 의미한다.

동시에 주님께서 아버지들에게도 지침을 주고 계시다. "또 아비들아 너희 자녀를 노엽게 하지 말고 오직 주의 교양과 훈계로 양육하라"(4절).

아버지와 어머니는 자녀들을 그들이 마땅히 가야만 하는 길로 훈육하여야 한다. 부모의 권위는 결코 천하고 하찮게 여기며 학대하거나, 불필요하게 통제하거나, 지배하는 데 사용되어서는 안 된다. 부모는 주님을 사랑하고 그의 모든 길로 행해야 하며, 가정에서 이 일에 모범이 되어야 한다. 그 결과로, 부모의 마음이 그들의 자녀들에게로 전달되어져 그들의 마음이 구주에게로 인도되어야 한다.

말라기는 세례(침례) 요한의 사역을 위한 준비로 강렬한 말을 예언하고 있다.

보라 여호와의 크고 두려운 날이 이르기 전에 내가 선지 엘리야를

너희에게 보내리니 그가 아비의 마음을 자녀에게로 돌이키게 하
고 자녀들의 마음을 그들의 아비에게로 돌이키게 하리라 돌이키
지 아니하면 두렵건대 내가 와서 저주로 그 땅을 칠까 하노라 하
시니라(말 4:5-6)

세례(침례) 요한은 가족 구성원 상호간을 서로서로와의 그리고 하
나님과의 바른 자리에 놓으며 불순종하는 자들을 의인의 지혜에 순종
하도록 이끌기 위하여 주님보다 앞서 보내진 자였다(눅 1:17). 가정의
순결과 의는 그의 사역을 이루는 데 있어서 예수님의 마음의 주된 초
점이었다. 만약 아버지의 마음과 자녀들의 마음이 서로서로에게로 맞
추어지지 않는다면, 그 결과는 이 땅 위에 임하는 저주였을 것이다.

• 일터에서

일터와 세상에서, 우리는 본보기가 되어야 한다.

또 너희에게 명한 것 같이 종용하여 자기 일을 하고 너희 손으로
일하기를 힘쓰라 이는 외인을 대하여 단정히 행하고 또한 아무 궁
핍함이 없게 하려 함이라(살전 4:11-12)

종들아 모든 일에 육신의 상전들에게 순종하되 사람을 기쁘게 하
는 자와 같이 눈가림만 하지 말고 오직 주를 두려워하여 성실한
마음으로 하라 무슨 일을 하든지 마음을 다하여 주께 하듯 하고

사람에게 하듯 하지 말라 이는 유업의 상을 주께 받을 줄 앎이니 너희는 주 그리스도를 섬기느니라(골 3:22-24)

크리스천으로서 우리는 주님께 대한 섬김으로서 수고하며 일하도록 권고 받고 있다. 우리는 모든 일이 그로부터 보상될 것이라는 것을 믿고, 마치 그리스도께서 우리의 고용주이신 것처럼 일해야 한다.

복종은 의지의 행동뿐만 아니라 마음의 태도까지도 포함한다. 당신의 상사가 당신에게 어떤 일을 하라고 요구한다고 가정해보라. 당신이 그 일을 하기는 하지만, 당신의 마음속에 불평이나 화, 중얼거림 그리고 분노가 숨어 있을 수 있다. 이런 경우에 당신은 순종적이었지만 복종적이지는 않다고 할 수 있는데, 왜냐하면 당신의 마음이 은폐된 반역의 감정으로 가득 차 있기 때문이다. 우리 마음의 태도는 그 일에 대해서 바깥으로 드러나는 모습과 같아야 한다. 겸손함과 그리스도께서 모범을 보이신 기쁨을 가지고 반응한다는 것은 곧 고용주에게 복종하는 것을 의미하는 것이다.

• 영적인 권위들에 관하여

하나님께서는 우리의 성장을 돕고 우리가 주님께서 원하시는 모든 것이 되게 하기 위해서 우리 위에 영적인 권위를 가진 사람들을 두신다. 우리는 이러한 예들을 성경을 통하여 찾아볼 수 있는데, 친구로서와 영적인 책임을 동시에 가진 관계들의 몇 가지 예를 들자면, 엘리야와 엘리사, 바울과 디모데, 모세와 여호수아, 그리고 예수님과 제자들이 있다. 이러한 관계들에 있어서는 삶의 경험들이 영적인 나누어줌과 가르침을 위한 교범이다. 학생들은 그들의 선생님들로부터 배웠으며, 그 기름부음을 다음 세대로 가져왔다.

여기에 한 가지 중요한 원리가 있다. 우리가 권위의 자리에 있기 위해서는 권위 아래 있어야 한다는 것이다. 우리가 성장하기 위해서는 배워야 한다. 이것은 우리가 교회 안에 있는 지도자들을 축복해야 한다는 것을 의미한다. 우리는 우리 위에 두어진 사람들로부터 배운다. 우리는 우리 자신을 주님으로부터 받은 지혜로 우리를 인도하고 지도할 어떤 사람이나 신자들의 그룹, 가령 예를 들면 목사, 성경교사, 사역지도자, 크리스천 친구 혹은 가정 그룹에 연결시켜야 한다. 하나님의 왕국에 있어서 외로운 영혼들이란 있을 수 없으며, 모든 사람은 어떤 형태로든 영적인 지도력과 책임을 가지고 있다. 이러한 관계들을 통하여, 영적인 성장과 자유 그리고 성숙이 이루어질 것이며, 그것은 당신이 다른 사람들을 돕고 지도할 수 있는 당신 자신의 영적인 진보로 귀결될 것이다.

다시 한 번 더, 영적인 책임이라는 것이 지배(control)하는 것이 아니라는 것을 깨닫도록 하자. 책임감이 있는 관계들은 인도하고, 가르치고, 나누어주고, 사랑하는 것이며, 그리고 필요할 때에는 꾸짖어 바로 잡는 것을 말한다.

• 다스리는 권위들에 관하여

예수님께서는 지상에서의 그의 사역 기간 동안에 모든 정당한 권위에 복종하셨다. 예를 들어, 성전세를 내어야 될 때가 되었을 때, 그는 낚시를 던져 물고기 한 마리를 잡도록 베드로를 호수로 보내셨다. 베드로가 그 물고기의 입을 벌렸을 때, 네 개의 드라크마 동전을 발견하였는데, 그것은 예수님과 베드로의 세금을 지불하기에 충분한 것이었다. 국가의 세금들을 내어야 하는지에 관해서 질문을 받으셨을 때, 그는 "그런즉 가이사의 것은 가이사에게 하나님의 것은 하나님께 바치라"(마 22:21)고 하셨다. 비록 가이사는 세상적이고 완고한 사람이었지만, 그는 권위 있는 자리에 있었고 그러므로 모두 복종해야만 했다.

현대적으로 말한다면, 우리는 정부의 법 그리고 판사와 경찰 같은 권위 있는 자리에 있는 사람들에게 복종할 필요가 있다는 것이다. 우리가 합법적인 권위에 순종할 때, 하나님의 왕국은 확장될 것이다.

• 하나님의 말씀에 관하여

히브리서의 기자는 우리에게 하나님의 말씀에 대한 놀라운 통찰력을 보여주고 있다. 잠시 아래의 말씀을 묵상해보라.

> 하나님의 말씀은 살았고 운동력이 있어[그것을 활동하게 하여, 동작하게 하여, 에너지를 부여하여, 효과가 있게 하여] 좌우에 날선 어떤 검보다도 예리하여 혼[생명의 호흡]과 [죽지 않는] 영과 및

[우리 본성의 가장 깊은 곳들인] 관절과 골수를 찔러 쪼개기까지 하며 또 마음의 생각과 뜻을 감찰하나니(히 4:12)

하나님의 말씀은 살아있고, 능력이 있으며, 활동성이 있다. 그것은 마치 양날이 있는 검처럼 우리 본체(who we are)의 모든 부분 속 깊이까지 꿰뚫으며, 드러난 것(what is uncovered)에 대한 판결을 내린다. 그것은 다른 사람들뿐만 아니라 우리 자신의 의식으로부터도 비밀스럽게 숨겨진 우리 본체의 가장 깊은 속에 감춰진 비밀들까지 꿰뚫어본다. 그것은 우리가 알지 못하던 이슈들을 빛 가운데로 끄집어낸다. 하나님의 말씀은 우리 삶에 대한 책임(accountability)의 가장 위대한 근원(source)이다.

• 주님 자신에 관하여

권위를 마주할 때마다 우리는 하나님을 만나게 된다. 우리는 그와 그의 모든 길에 복종해야만 한다. 우리는 그를 사랑하며, 다른 사람들을 사랑하고, 기도에 시간을 보내고, 예배에 시간을 보내며, 하나님의 말씀 안에서 시간을 보내고, 주님 안에서 기쁨을 찾아야 한다. 시편 37편 4-9절은 강력한 성경구절인데, 하나님의 길에 복종하는 사람들에 대한 축복으로 가득 차 있다.

또 여호와를 기뻐하라 저가 네 마음의 소원을 이루어 주시리로다

> 너의 길을 여호와께 맡기라[너의 모든 염려를 둘둘 말아 주님 위에 두어라] 저를 의지하면[기대면, 의존하면, 확신하면] 저가 이루시고 네 의를 빛같이 나타내시며 네 공의를 정오의 [빛나는 태양] 빛같이 하시리로다 여호와 앞에 잠잠하고 참아 기다리라 자기 길이 형통하며 악한 꾀를 이루는 자를 인하여 불평하여 말지어다 분을 그치고 노를 버리라 불평하여 말라 행악에 치우칠 뿐이라 대저 행악하는 자는 끊어질 것이나 여호와를 기대하는 자는 [결국에는] 땅을 차지하리로다

만약 우리가 하나님께 신실하다면, 그는 우리에게 신실하실 것이다. 우리가 그에게 복종하고 우리의 길을 그에게 맡긴다면, 대적은 도망치게 될 것이다. 주님을 사랑하고 그를 따르는 사람들은 구원과 자유와 그들의 마음의 소원과 승진과 변호됨을 받을 것이다. 그리고 땅을 상속받을 것이다.

6. 리더십의 자리까지 성장하라

지금까지는 내가 좀 더 충분히 생각하기를 원하는 점에 대해서 간략하게 다루어왔다. 나는 사역 때문에 여행을 하면서 "당신은 어떻게 리더십의 자리에까지 오를 수 있었습니까? 하나님께서 당신이 거기까지 오를 수 있도록 당신의 삶에 무슨 일을 하셨습니까?"라는 동일한 질문을 하는 많은 사람들을 만난다. 나는 그들의 마음이 주님께서 내가 이 길에 들어서도록 하셨을 때 내 마음이 찾고 있었던 것과 똑같

은 것을 찾고 있다는 것을 안다. 나는 그때 내 삶을 향한 어떤 소명(calling)이 있다는 것을 느꼈지만, 그것을 완전히 이해하지는 못했었다. 사실, 이러한 사랑스러운 사람들처럼, 나는 특별히 리더십의 자리를 찾고 있지는 않았다. 나에게는 주님을 친밀하게 알고, 그가 하고 있는 일에 동참하고, 내가 할 수 있는 어떤 역량을 가지고 봉사하고 싶다는 열망만이 있었다. 나는 단지 내가 주님이 움직이고 계시는 것을 보는 자리에 있기를 원했다.

그가 내게 두신 길은 아직 내 앞에 펼쳐지지 않고 있다. 내가 그것을 이해하게 되었다고 생각하는 바로 그 시간에, 주님은 내게 말씀하시며 나의 방향은 바뀌게 된다!

하지만 개인적인 통치영역(dominion) 안에서 성장하는 것을 위한 단계는 이것이다. 남들을 지도하기 위해서는 당신이 먼저 섬겨야 하며, 섬김의 동기가 리더십의 자리에 오르는 것이어서도 안 된다. 주님께서는 이러한 잘못된 동기가 당신의 마음에 슬며시 들어오는 순간을 신속하게 지적해주실 것이다. 조금도 틀림없이 말할 수 있는 사실은 내가 "다 도달했다"고 생각하고, 리더십의 자리를 맡을 준비가 되었다고 생각하자마자―혹은 우리가 텍사스에서 말하듯이 지금 이 바지를 입기에는 내가 너무 컸다고 생각할 때―그는 사람들이나 상황들을 사용하셔서 나를 낮추는 자리로 이끄신다는 것이다.

우리를 높은 자리에 올리는 분은 사람이 아니라 하나님이시며, 그는 대체적으로 우리를 깨끗케 하는 과정을 통과하도록 이끄시는데,

그 과정은 주로 섬김과 복종의 환경 아래에서 행해지는 것이다. 야고보와 요한의 어머니가 예수님께 그녀의 아들들을 그의 왕국에서 하나는 주님의 우편에 하나는 좌편에 앉게 해달라고 구했을 때 제자들에게 하신 말씀을 보라.

> 열 제자가 듣고 그 두 형제에 대하여 분히 여기거늘 예수께서 제자들을 불러다가 가라사대 이방인의 집권자들이 저희를 임의로 주관하고 그 대인들이 저희에게 권세를 부리는 줄을 너희가 알거니와 너희 중에는 그렇지 아니하니 너희 중에 누구든지 크고자 하는 자는 너희를 섬기는 자가 되고 너희 중에 누구든지 으뜸이 되고자 하는 자는 너희 종이 되어야 하리라 인자가 온것은 섬김을 받으려 함이 아니라 도리어 섬기려 하고 자기 목숨을 많은 사람의 대속물로 주려 함이니라(마 20:24-28)

지금까지 야고보와 요한은 주님과 함께 동행했고, 그로부터 배웠으며, 그와 함께 교제를 나누었고, 많은 무리를 먹였으며, 여러 성을 돌아 여행했고, 그들이 이러한 요구에 긍정적인 대답을 받기에 충분하다고 느낄 만한 많은 다른 일들을 해왔다. 하지만 예수님은 작은 권세에 대한 욕심이 사람의 머리에 들어가는 것이 얼마나 쉬운 것인지 지적하신다. 그는 진정한 지도자는 권세에 초점을 맞추는 것이 아니라, 고통 속에 있는 세상을 향한 동정심과 사랑과 깨어지는 마음에 초점을 맞추는 자라는 것을 설명하신다. 그러므로 누구든지 크게 되기를 원하는 자는 먼저 섬기는 자가 되어야 한다.

내가 여기에서 말하고 싶은 리더십에 대한 동전의 다른 한 면은 영적인 게으름, 즉 우리가 우리 구주를-그가 우리가 취하기를 원하는 그 자리에 들어가기까지-따르는 일을 소홀히 하고 있다는 것이다. 히브리서 기자는 바로 이러한 상황에 떨어진 어떤 사람들에 대해서 말하고 있다.

> 멜기세덱에 관하여는 우리가 할 말이 많으나 너희의 듣는 것이 둔하므로 해석하기 어려우니라 때가 오래므로 너희가 마땅히 선생이 될 터인데 너희가 다시 하나님의 말씀의 초보가 무엇인지 누구에게 가르침을 받아야 할 것이니 젖이나 먹고 단단한 식물을 못 먹을 자가 되었도다 대저 젖을 먹는 자마다 어린 아이니 저희는 말씀을 경험하지 못한 자요 단단한 식물은 장성한 자의 것이니 저희는 지각을 사용하므로 연단을 받아 선악을 분변하는 자들이니라(히 5:11-14)

게으름은 우리의 유산과 승리에 대해서 깨닫지 못하게 방해할 수 있으며, 하나님의 음성을 듣는 우리의 능력을 둔하게 만들 수도 있다. 게으름은 우리 자신을 자유와 승리의 위치에 두는 어떤 계획들도 무력화할 수 있다. 우리는 주님의 임재 속에 머물며, 말씀을 읽고, 예배에 초점을 맞춤으로써, 우리의 감각들을 깨끗하게 유지하여야 한다. 이러한 개인적인 훈련을 통해서 주님으로부터 듣고 가르침을 받는 우리의 능력이 증대되는 것이다.

7. 두려움과 불신앙을 경계하라

믿음은 개인적인 통치영역을 설립하는데 없어서는 안 될 요소인데, 우리 중에 너무도 많은 사람들이 두려움과 불신앙에 붙들려 있다.

바울은 두려움을 노예상태에 견주고 있다. "너희는 다시 무서워하는 종의 영을 받지 아니하였고 양자의 영을 받았으므로 아바 아버지라 부르짖느니라"(롬 8:15). 잠언은 그것을 올무로 부르고 있다. "사람을 두려워하면 올무에 걸리게 되거니와 여호와를 의지하는 자는 안전하리라"(잠 29:25). 우리는 모두 위험과 악과 고통에 직면하는 두려움을 경험해왔다. 두려움이 가장 강하게 표현되는 형태는 마비되는 것이다. 두려움은 우리를 가치 없는 존재로 느끼게 할 수 있으며, 하나님께서 우리를 위하여 가지고 계신 모든 것의 충만을 환영하며 받아들이기를 두려워하게 할 수 있다.

불신앙은 신뢰하지 않는다는 말과 같은 의미이다. 만약 우리가 불신앙을 마음에 품으면, 우리는 주님께 우리가 그의 선하심과 신실하심 혹은 그의 약속들을 신뢰하지 않는다고 말하고 있는 것이 된다. 기본적으로, 불신앙은 "하나님, 당신의 약속들은 다른 모는 사람에게는 진실한 것이지만, 저에게는 그렇지 않아요."라고 말하는 것이다. 아니면 그 태도는 "나는 내게 필요한 모든 해답들을 가지고 있어. 나는 하나님이 필요치 않아."라고 말하는 교만의 한 형태일 수도 있다. 두 입장 모두 위험하다. 두려움과 불신앙은 우리가 승리를 얻고 하나님의 왕국을 진전시켜나가지 못하도록 우리를 무력화시킬 수 있다.

이쯤에서 내가 깊은 두려움과 불신앙으로부터 자유를 얻어야만 했었던 나의 개인적인 삶의 이야기를 나누고 싶다.

나는 열두 살 되었을 때, 예수님을 나의 구주로 받아들였고 많은 해를 그와 동행했다. 하지만 내가 성인이 되었을 때, 그동안 내가 자라면서 믿었던 모든 것에 완전히 반역하는 생활을 했던 적이 있었다. 지금은 내가 부끄럽게 여기는 나의 삶의 한 부분이 된 이러한 삶이 3년 동안이나 지속되었다. 나는 기도하는 부모님과 조부모님 그리고 친구들을 가진 것에 대하여 하나님께 감사한다! 그들의 기도가 나를 이러한 죄와 반역의 삶으로부터 주님께 돌아오게 했다.

그러나 나의 싸움은 아직 끝나지 않았다. 비록 내가 회개하고 나의 삶을 다시 주님께 드렸으나, 성가시게 하는 음성이 계속 구원에 관한 나의 영적인 상태에 대해서 두려움과 의심과 불신앙의 말들로 나를 괴롭혔다. 아직도 대적이 나를 괴롭히고 억누를 수 있는 열린 문이 남아있었다.

이러한 괴롭힘이 여러 해 동안 지속되었으나, 나는 흔들리지 않았다. 나는 내가 지난 3년 동안 빠져있었던 죄 때문에 진정한 신자가 아니라고 끊임없이 고문하는 거짓말을 들었다. "너는 네가 구원받았다고 생각하지. 하지만 아니야. 너는 결코 구원의 확신을 가질 수 없어. 너는 그럴 가치가 없어."라고 그 음성이 말했다.

나는 내 마음속에 두려움이 들어와 머물도록 허락했기 때문에, 예수 그리스도의 능력이 나를 구원하기에 충분할 만큼 강하다는 것을 믿을 수 없었다. 나는 결국 내가 무가치한 자라는 믿음에 눌려 우울증에 걸리게 되었다. 내가 침대에서 일어날 힘도 의욕도 느끼지 못했던 날들이 있었다. 그때 나를 움직이게 했던 유일한 힘은 우리 두 살 먹은 딸에 대한 나의 책임감이었다.

그 아이가 낮잠을 자고 있던 어느 날, 나는 너무 고통스러워 눈물을 흘리며 마루에 쓰러졌다. "주님, 저는 지금 당신의 옷 가를 붙들고 있습니다. 제가 이 엄청난 고통으로부터 벗어나기 전까지는 부싯돌처럼 굳게 한 제 얼굴을 풀지 않겠습니다. 하나님 저는 당신을 신뢰하는 쪽을 선택합니다."라고 내가 말했다.

잠시 후 내 딸아이가 나를 부르는 것을 들었다. 나는 그 애를 부엌으로 데려와서, 그 애의 점심을 차렸다. 나는 식탁에서 그 애가 먹고 있는 동안, 늘 그랬듯이 그 애 옆에 앉았다. 행복한 엄마의 모습을 보이려 온 힘을 다하고 있었지만, 나는 내가 실패하고 있다는 것을 알고 있었다.

딸에가 먹는 동안, 그 애의 시선이 음식으로부터 옮겨가서 뒷마당에 있는 무엇인가에 초점이 맞추어졌다. 그때 그 애가 아기용 높은 식탁의자에 앉아서 자기 다리를 흔들기 시작하더니 내게로 돌이키며, "엄마, 너무 재미있어. 너무 재미있어."라고 흥분해서 말했다.

"얘야, 무엇이 그렇게 재미있니?"

얼굴에 밝은 미소를 띠고 그 뒷마당을 가리키며, "엄마, 저기 바깥에."라고 그 애가 말했다. 그러더니 의자 바깥으로 빠져나와서 마치 초소를 지키는 작은 군인처럼 내 앞에서 앞으로 갔다 뒤로 갔다 하며 걷기 시작했다. 그러더니 돌이키며, "엄마, 천사와 예수님이야. 엄마 때문에 그들이 여기에 있어."라고 말했다.

나는 곧바로 눈물을 흘리며 울기 시작했으며, 주님께 그의 보호하시는 임재에 대해서 감사드렸다.

그날 밤에 나는 교회에 가서 기도를 받기로 결심했다. 주님과 그의 천사들이 내 편에 서서 싸우고 있었고, 나도 그렇게 할 때였다. 저녁 기도시간이 끝났을 때, 나는 앞으로 달려 나가서 나의 절친한 친구이 기도한 우리 가정그룹 목사에게 나를 위해서 기도해주기를 요청했다. 그녀가 나를 안수하자마자, 나는 성령님의 임재를 느꼈다. 그의 임재는 너무 강렬하여 내가 의자에 똑바로 앉아 있을 수가 없었다. 성령님은 내 친구에게 나의 눈에 안수하도록 지시했고, 또 성령님이 내가 보기를 원하는 것을 내게 보여주시도록 그녀가 그에게 구하라고 지시하셨다.

갑자기 성령님께서 나를 사로잡으셨고, 주님께서 한 가지 하늘의 환상을 보여주셨다. 나는 한 책을 보았다. 주님의 한 손이 그 책에 뻗쳐졌고, 여러 장이 넘겨졌다. 그때 한줄기 밝은 빛이 그 페이지의 중간에 초점을 맞추었고, 한 문장을 두드러지게 조명하였다. 내가 호기심으로 그 페이지를 힐끗 보았을 때, 거기에 쓰여진 글이 천천히 내 초점 안으로 들어왔다. 나는 그 글을 읽으려고 몸을 기울였고, 그리고 금으로 쓰여진 내 이름을 보았다. 내 이름이 그 책에 기록되어 있었던 것이다! 주님께서 나에게 **"베카야, 너의 이름이 어린 양의 생명책에 기록되어 있단다. 너의 구원은 안전(secure)하단다."** 라고 말씀하셨다. 심령이 깨어지는 것과 충만한 기쁨을 동시에 느끼며, 나는 눈물을 흘리며 울기 시작했다.

내가 이러한 상태에서 정신을 차리지 못하고 있을 때, 에디 스미스가 와서 나의 눈에 안수하며, "주님, 당신이 그녀가 보기를 원하는 것을 그녀에게 보여주세요."라고 말했다. 즉시 또 다른 하나의 환상이 펼쳐지기 시작했다. 나는 구름 위에 있는 어떤 사람이 다가오는 형상을 보았다. 그 형상이 충분히 가까이 다가왔을 때, 나는 그분이 예수님이신 것을 깨달았다. 성령의 바람이 그를 둘러싸고 그 주위에 운행하고 있었으며, 그의 모습은 장엄하였다. 그는 성령의 바람을 타고 있었다. 그가 입은 왕의 의복과 머리카락이 바람에 흩날리고 있었다. 시간은 멈추어져 있는 것 같았다. 그가 나를 보고 말씀하셨다. **"베카야, 너의 죄는 사하여졌단다. 너의 십자가를 지고, 나를 따르라. 그리고 더 이상 죄를 짓지 말아라. 다 끝났단다. 다 이루었단다."**

나는 그가 전달하고자 하는 메시지를 받았다. 나는 그의 은혜로 구원받은 왕의 자녀라는 사실을 받아들였다. 이제 대적의 괴롭힘은 끝이 났다. 그때로부터 나는 결코 다시는 그 거짓말을 믿거나 나의 구원이 안전하지 않다는 속임수에 괴롭힘을 당하지 않았다. 그 순간에 나의 우울증과 무가치감은 끝이 났다.

두려움과 불신앙은 대적의 강력한 진지들(strongholds)이지만, 우리 주님의 사랑은 그 모든 것을 다 태우시는 사랑이다. 우리가 우리의 마음을 다하여 그를 찾고, 그에게 우리의 길을 의뢰한다면, 대적은 도망갈 수밖에 없을 것이다.

8. 완전하게 살아라

완전(integrity)에 해당하는 히브리어는 **톰(tom)**이다. 이 단어는 "죄와 관련하여 비난할 것이 없음, 도덕적으로 순결한 상태"를 의미한다. 성경은 우리의 완전이 우리의 안전(security)이라고 말하고 있다. "바른 길로 행하는 자는 걸음이 평안하려니와 굽은 길로 행하는 자는 드러나리라"(잠 10:9); "의는 행실이 정직한 자를 보호하고 악은 죄인을 패망케 하느니라"(잠 13:6).

우리가 올바르게 행할 때 즉 하나님과 사람 앞에 비난받을 것이 없이 살아갈 때, 우리는 하나님의 보호하심 가운데 안전하다. 우리가 우리의 마땅한 길을 걸어갈 때, 사단의 유혹들과 세상의 환난과 사람의 고소에 대항하여 가장 잘 무장되어 있는 것이다. 완전과 성결의 삶을 사는 것은 우리가 승리의 삶을 살 수 있는 기초를 놓는 것인데, 그것은 바로 우리를 하나님의 왕국을 확장하는 자리에 두는 것이다. 그것은 바울이 말하고 있듯이 우리가 역경을 극복할 수 있고, 심지어는 우리의 고난 가운데 기뻐할 수 있는 인격적인 힘을 가지고 있다는 것을 의미한다.

> 다만 이뿐 아니라 우리가 환난 중에도 즐거워하나니 이는 환난은 인내를 인내는 연단을 연단은 소망을 이루는 줄 앎이로다 소망이 부끄럽게 아니함은 우리에게 주신 성령으로 말미암아 하나님의 사랑이 우리 마음에 부은바 됨이니(롬 5:3-5)

이것이 과정(process)이라는 것을 기억하라. 인격이 우리 안에서 산출되기 위해서는, 우리 자신의 일정계획표들(agendas)을 내려놓아야 할 때가 있을 것이다. 우리의 삶 가운데 상실이나 역경 혹은 관계의 깨어짐이나 다른 여러 가지 어려움들을 경험할 지도 모른다. 하지만 좋은 소식은 심지어 역경과 환난과 고통 가운데서도 우리가 승리할 수 있다는 것이다. 실제적으로는 우리가 환난 가운데 승리할 뿐만 아니라, 환난 때문에 승리한다. 바른 인격을 형성하게 하는 것은 바로 삶의 역경이다.

물론 모든 발전이 고난을 통하여서만 얻어지는 것은 아니다. 중요한 것은 하나님께서는 우리의 성장에 관심이 많으시다는 것을 이해하는 것이다. 그는 우리의 선물보다 우리의 인격성장에 더 관심이 많으시다. 그는 우리가 그와 바른 관계에 있도록 하는 일에 필요한 것이라면 무슨 일이라도 하시는 분이다.

예수님께서 "또 무리에게 이르시되 아무든지 나를 따라 오려거든 자기를 부인하고 날마다 제 십자가를 지고 나를 좇을 것이니라 누구든지 제 목숨을 구원코자 하면 잃을 것이요 누구든지 나를 위하여 제 목숨을 잃으면 구원하리라"(눅 9:23-24)고 말씀하셨다.

내가 나의 경험에 관해서 나누고 있을 때, 주님께서 내가 나의 십자가를 지고 주님을 따라야 한다고 분명하게 말씀하셨다. 나는 나의 구원을 이루어나가고(working out) 주님께서 내 속에 그의 인격(character)을 형성하도록 허락하는 데 있어서 감당해야 할 어떤 역할을 가지고 있었다. 이것은 주님의 기준과 맞지 않는 것들에 대해서 우리가 매일 죽는 것을 의미한다. 그러나 이 죽음의 자리에 생명이 있다. 이 친밀함의 자리에 권위가 있다. 이 복종의 자리에 자유와 해방이 있다. 하나님의 왕국에서는 죽음이 연단되고 시험을 통하여 입증된 인격을 산출한다.

이제 그만

지금까지 우리는 만약 우리가 개인적인 통치영역을 다스리며 살아가려고 할 때 필요한 몇 가지 단계에 대해서 살펴보았다. 만약 당신이 지금 당신에게 자유가 필요하다는 것을 깨닫고 있다면, 그것을 얻기 위해서 필요한 행동을 취하기를 시작하라. 두려움과 떨림으로 당신의 구원을 이루어나가기 위해서 앞으로 힘차게 전진하라.

우리가 뒤의 8장에서 왕의 대사들로서의 우리의 역할에 대해서 논의할 것이지만, 나는 여기에서 우리가 어두움의 세력들에 속해있는 두려움을 깨뜨릴 왕적인 권세를 가지고 있다는 사실을 주지시키고 싶다. 하나님께서는 우리 각 사람이 "이제 그만"이라는 외침에 반응하여 대적이 우리 삶으로부터 훔쳐간 모든 것을 되찾아오도록 도전하고 계시다. 우리는 잃어버린 세상에 모범이 되고, 하나님의 왕국을 확장하도록 부름받았다. 우리가 개인적인 통치영역을 확립하기 전까지는 하나님의 왕국통치를 대리할 수 없다.

제 6 장

분량의 한계
Measure of Rule

우리가 개인적인 통치영역을 가지고 살아갈 때, 하나님의 왕국은 분명히 나타난다.

이것은 보통 세 가지 다른 차원에서 명백하다. 첫째로, 우리가 어디에 있든지 우리는 그 왕국을 대표한다. 우리가 식료품가게를 가거나 테마공원으로 여행을 갈 때, 우리는 예수님을 대표한다. 그가 우리 안에 성령의 능력으로 살아계시기 때문에, 우리는 어디로 가든지 소금과 빛이다.

그 다음 개인적인 통치영역은 우리의 특정한 주거환경인데, 이는 곧 우리의 집과 일터와 이웃이 우리가 다스리는 권리를 가지고 있는 영역의 한 부분이라는 것을 의미한다. 우리가 이러한 영역에 살고 있으며 또 일하고 있기 때문에, 하나님께서는 우리에게 그 영역늘에 대한 특정한 선포를 할 수 있는 권세를 주고 계신다.

그리고 마지막으로, 주님께서는 또한 우리 각자에게 우리의 육체적인 실재와 함께 영적인 권세도 가지는 특정한 영역과 구역을 할당해

주신다. 우리들 중의 어떤 사람들에게는, 그 영역이 도심이나 월스트리트 같은 지역이 될 수가 있다. 다른 사람들에게는 그것이 어떤 지위일 수가 있는데, 주님께서는 어떤 사람들을 전략적으로 학교나 교회나 정부기관들의 리더십 지위에 두신다. 또 다른 사람들에게는 그들의 영역이 어떤 그룹의 사람들인 것을 발견할 수가 있는데, 어떤 신자들은 가출자들이나 약물중독자들 혹은 세계의 열방에 관한 열정을 가지고 있다. 아니면 우리가 단지 어떤 계절에만 국한된 특별한 과제를 가지고 있다는 것을 알게 될지도 모른다. 또한 우리가 하나님과 함께 성장해 나갈 때, 그가 우리의 영향권과 영적인 권세를 확장해 주신다.

바울이 고린도후서 10장 13절에서 이러한 섬김에 대해서 묘사하고 있다. "그러나 우리는 분량 밖의 자랑을 하지 않고 오직 하나님이 우리에게 분량으로 나눠 주신 그 분량의 한계를 따라 하노니 곧 너희에게까지 이른 것이라."

분량(measure)에 해당하는 헬라어는 **메트론**(metron)인데, 이것은 "측정하는 이의 갈대나 자로 공간이나 거리를 잘라내는 것"을 의미한다. 그것은 한 사람의 권위가 미치는 영역의 크기나 범위를 일컫는다. **한계**(rule)에 해당하는 헬라어는 **카논**(kanon)인데, 그것은 "활동의 영역"을 일컫는다. 즉, 분량은 어떤 사람이 특정하게 구분된 영역 내에서 갖는 권세이다. **나누어주다**(distribute)에 해당하는 헬라어는 **메리조**(merizo)인데, 그것은 "배당 혹은 몫"을 일컫는 말이다. 이것을 모두 함께 합치면, 이 구절에서 바울이 주님께서 그의 자녀들이 하나님의 왕국을 전파하도록 하기 위해서, 그들이 권세를 갖고 활동할 수 있는 특정한 영역을 그들에게 경계선을 그어주신다는 것을 말하고 있는 것으로 이해하게 된다. 바울의 "분량의 한계(measure of rule)"는 명확한데, 곧 그의 사명은 하나님의 권세를 이방인들의 땅으로 가져가는 것이었다. 이것이 그가 다스리는 권세를 갖도록 예정된 바울에게 할당된 몫이었다.

똑같은 과정이 당신과 나에게도 적용되는데, 우리는 다스림을 위해서 지음받았다. 주님께서 우리 각 사람에게 변화를 가져오는 영향력을 행사할 수 있는 권세를 가지고 다스릴 지구상의 한 부분을 주셨다는 것을 알게 되는 것은 흥분되는 일이다. 그러나 이것이 완전히 생소한 개념이 되어서는 안 된다. 우리 삶의 어떤 경점에서, 우리 모두 이러한 하늘로부터 온 권세를 경험해 왔는데, 그때는 우리가 지도력에 대한 타고난 능력을 발견했을 때나 혹은 우리의 영혼 속에서 의분이 솟아올라서 필요한 변화가 일어나게 했을 때이다. 일상적인 일이 아닐 수 있지만, 어떤 부당한 상황이 생길 때 우리 속의 어떤 것이 그 상황을 떠맡을 때가 종종 있다. 이것이 창조 때부터 우리 속에 형성된 통치DNA의 한 부분이다.

바울의 모범을 따르기

분량의 한계에 대해서 논의함에 있어서, 이방인들을 향한 바울의 소명을 기억하면서, 그의 두 번째 선교여행 중에 바울이 아덴(아테네)을 방문한 것에 대해서 연구해보자. 베뢰아에서의 사역을 마친 후, 바울은 그와 합치려는 실라와 디모데를 기다리기 위해서 아덴으로 여행했다. 이 기간 동안, 그는 그 도시의 우상숭배와 도덕적으로 타락된 모습을 보고 비통에 잠기게 되었다. 이 기다리는 기간을 이용하여, 그는 예수 그리스도의 복음과 하나님 왕국의 메시지를 전파하기 시작했다.

아덴은 종교와 문화의 다양성으로 유명한 도시였다. 그 도시의 특징은 지성주의(intellectualism)와 이교신앙(paganism)이었다. 비록 다른 종교 시스템의 신들이 넘쳐났지만, 스토아와 에피쿠로스 철학자들이 그 지역의 지배적인 종교 시스템을 대표하고 있었다. 스토아 철학자들은 자긍심과 개인적인 독립심을 가지고 있었다. 기본적으로 그들은 자연이 그들의 신이라고 생각하는 범신론을 믿었다. 에피쿠로스 철학자들은 쾌락을 추구했다. 그들의 종교철학은 이성이 아닌 경험에 중심을 두었다. 그들은 무신론자들이었다.

바울이 복음에 대해서 증거했을 때, 많은 사람들이 그 메시지를 조롱하였으며 그를 말쟁이라고 놀렸다(행 17:18을 보라). 하지만 아덴 사람들은 새로운 사상과 철학에 대해서 논하는 것을 매우 좋아하여서, 그를 마르스 언덕(Mars Hill)이라고도 하는 그들의 공회장소인

아레오바고스(Areopagus)로 데려갔다. 흥미가 동하여, 그들은 바울에게 그의 메시지에 대해서 상세히 설명해 보라고 하였다. 그가 말하기 시작했을 때, 그는 명백한 것에 대해 말하면서 그들의 마음과 생각의 문을 열기 위해서 다가갔는데, 그것은 아덴 사람들은 종교적인 사람들이라는 것이었다. 그는 한 걸음 더 나아가 그들이 "알지 못하는 신에게"라고 새겨진 제단까지 세웠다는 것에 주목했다. 그리고 하나님께서 주신 지혜를 사용하여 "내가 두루 다니며 너희의 위하는 것들을 보다가 알지 못하는 신에게라고 새긴 단도 보았으니 그런즉 너희가 알지 못하고 위하는 그것을 내가 너희에게 알게 하리라"(23절)고 말하면서, 그 열려진 문을 통하여 영리하게 몰래 그들의 마음속으로 들어갔다. 바울은 그 알지 못하는 신의 메신저가 되었고, 그렇게 함으로써 하나님 왕국의 강력한 진리들을 제시할 수 있었다.

바울 당시의 헬라 문화는 오늘의 우리 세계 문화와 많은 유사점들을 가지고 있다. 우리 기독교 신앙에 도전하는 많은 신념들과 사고방식들은 그 당시 바울에게 도전했던 것들과 같은 것이다. 우리 자신들의 분량의 한계는 항상 그리고 궁극적으로 하나님의 왕국을 전파하는 것에 관한 것이므로, 나는 그의 메시지의 네 가지 요점들을 간략하게 기술하고자 한다. 우리는 이 예로부터 복음을 나누는 것에 대한 많은 것을 배울 수 있다.

첫째로, 그는 창조에 관한 헬라의 진화론적인 이론들을 논박하면서, 하나님이 창조주이시다고 말했다. 바울은 아담 한 사람으로부터 모든 사람이 창조되었다고 설명했다. 이 한 사람으로부터 지구상의 모든 나라들이 있게 되었다. 둘째로, 그는 하나님이 주권자이시라고 설명했는데, 아덴 사람들이 그를 찾을 수 있도록 년대와 거주의 한계를 정하신 분이 하나님이시라고 말했다. 그의 입장을 더 확고히 하기 위해서, 바울은 하나님께서 어떻게 그들의 깊은 감정표현의 해답이 되시는지를 보여주면서, 그들의 시들을 인용했다.

> 인류의 모든 족속을 한 혈통으로 만드사 온 땅에 거하게 하시고 저희의 년대를 정하시며 거주의 경계를 한하셨으니 이는 사람으로 하나님을 혹 더듬어 찾아 발견케 하려 하심이로되 그는 우리 각 사람에게서 멀리 떠나 계시지 아니하도다 우리가 그를 힘입어 살며 기동하며 있느니라 너희 시인 중에도 어떤 사람들의 말과 같이 우리가 그의 소생이라 하니(26-28절)

셋째로, 그의 하나님은 금이나 은으로 만들어진 신이 아니고 구주시라는 것을 드러내었다. 그는 그들의 신전이나 우상들은 사람이 만든 것이므로 본성적으로 신성이 있는 것이 아니며, 그러므로 능력이 없다는 것을 지적하였다. 사실 그들의 모든 지혜와 탐구로도 헬라 사람들은 하나님을 찾는 데 실패했었다.

그리고 넷째로, 바울은 지금이 결정을 내릴 때라고 말했다. 하나님께서 심판의 한 날을 정하셨다. 만약 그들이 회개하고 예수님께로 돌아선다면, 그들은 구원을 경험할 것이었다. 만약 그들이 예수님을 거절한다면, 그들은 영원히 정죄될 것이었다.

바울은 그의 분량의 한계를 알고 있었고, 그의 소명에 신실하였다. 어떤 사람들은 그의 메시지를 거절하였지만, 다른 사람들은 호기심으로 더 듣기를 원하였고, 몇 사람은 그 자리에서 구원받았다. 바울이 예수 그리스도의 메시지를 제시할 때, 그는 권세의 분량을 받았다. 그가 그에게 할당된 영역에 주어져 있는 권세를 사용했기 때문에, 그는 하나님의 왕국을 위하여 효과적일 수가 있었다.

우리의 소명의 크기

마르스 언덕에서의 바울의 설교는 우리에게 놀라운 도전을 주고 있는데, 단지 하나님의 왕국 통치 안에서 어떻게 활동할 것인지에 대한 모범으로서 뿐만 아니라, 우리가 우리의 합당한 역할을 찾고 있을 때 우리 자신의 신앙을 점검하는 다림줄(plumb line)로서도 도전을 주고 있다. 우리는 진정으로 우리의 조상 아담에게 주어졌던 이 땅을 다스리는 사명에 대해서 이해하고 있는가? 우리는 진정으로 우리 하나님이 주권자 하나님이시라는 것을 믿고 있는가? 우리는 그가 우리 삶의 연대와 거주의 한계를 정하신다는 사실을 받아들이고 있는가?

우리는 우연히 우리 지역과 도시에 살고 있는 것이 아니다. 하나님께서 하나님 왕국의 대표자로서 거기에 우리를 두셨다. 우리는 우리의 자리를 찾기 위해서 그리스도의 천년왕국 통치를 기다리게 되어 있는 것이 아니고, 지금 이 지상에서 주님을 위하여 굳게 서 있도록 부름받았다. 기억하라, 분량의 한계는 소명의 길(destiny)과 연계되어 있으며, 소명의 길은 아담의 이 땅을 다스리는 사명과 연결되어 있다는 것을.

지금이, 우리가 크리스천이 된다는 것은 좋은 기분을 얻기 위해서 교회에 가는 것이라고 생각하는 사고방식에서부터 탈피할 때이다. 우리가 책임감과 언약관계와 영적인 성장이 있는 신자들의 그룹인 지역교회와 연결되어야 하는 것은 절대 필요한 것이다. 우리 모두는 그리스도의 몸으로서 서로서로를 필요로 한다. 하지만 우리가 우리의 가장 심오한 목적들을 성취하려고 한다면, 이것을 뛰어넘어서 가야 하는데, 우리를 향하여 개인적으로 그리고 협동적으로 일하도록 하나님께서 정하신 계획은 주님과의 관계 속에서 능력을 부여받는 것이며, 변화의 영향력을 행사하고 통치영역을 확립하면서 우리의 분량의 한계 속에 우리를 두는 것이다.

예수님께서 위임명령(the Great Commission) 가운데 이러한 소명을 우리에게 주셨다.

> 예수께서 나아와 일러 가라사대 하늘과 땅의 모든 권세를 내게 주셨으니 그러므로 너희는 가서 모든 족속으로 제자를 삼아 아버지와 아들과 성령의 이름으로 세례(침례)를 주고 내가 너희에게 분

부한 모든 것을 가르쳐 지키게 하라 볼찌어다 내가 세상 끝날까지 너희와 항상 함께 있으리라 하시니라(마 28:18-20)

우리는 이것을 잃어버린 영혼들을 얻으라는 명령으로 읽고 거기에서 멈추는 경향이 있다. 우리는 이 세 가지 전략적인 성경구절들에 의해서 형성된 더 큰 그림을 놓치고 있다.

예수님께서는 순종적으로 그 자신을 십자가 위에서 희생시키시고 죽음을 정복하신 후에 이 말씀을 하셨다. 예수님께서는 그가 이제 하늘과 땅의 모든 권세를 가진 자라는 것을 선언하고 계셨다. 비록 사단이 아직 그의 영원한 형벌을 받지 않았지만, 심판은 행해졌으며, 사단은 유죄로 판명되었고 모든 권세가 박탈되었다. 사단은 패배하였고, 예수님께서 승리하셨다.

지금이 그리스도의 제자들인 우리가 열방 모든 나라들을 제자로 만들 때이다. 이 위임은 제안이 아니라 예수님으로부터의 명령이라는 것을 기억하라. 그는 하늘과 땅의 모든 권세를 가진 자리에 계시며, 왕같은 제사장인 우리도 그와 함께 그 자리에 있다. 이러한 지위로부터 면제되거나 제외된 신자는 단 한 사람도 없다. 이것이 우리 교회들이 부족한 부분이다. 우리는 모든 일을 하는 것은 목사의 직업이고, 반면에 교회 멤버들은 옆에서 구경꾼으로서 앉아 있는 것이라는 사고방식을 지금까지 가져왔다. 예수님께서 "내가 천국 열쇠를 네게 주리니"(마 16:19)라고 말씀하셨을 때, 그는 그의 동료 상속자들 모두에 대하여 말씀하신 것이었다. 우리는 지상에 있는 모든 나라들을 제자로 삼는 일에 주님과 함께 동역자로 부름받은 사역자들이다.

제자로 삼는다는 것은 단지 회심자(convert)로 만드는 것 이상의 뜻이 내포되어 있다. **제자(disciple)**에 해당하는 헬라어는 **마테튜오(matheteuo)**이다. 세례(침례)를 받고 성경을 공부하는 것은 제자화하는 과정에 있어서 주요 요소이지만, 그것은 의지를 가지고 헌신하는 것도 포함하는 것이다. 다른 말로 하면, 제자는 그 자신을 스승에게 "붙이는(attach)" 자인데, 곧 스승과 함께 살며 그와 동일시하고, 그를 모방도 하고 연구하기도 하면서 그로부터 배우는 자를 말한다.

열방(all nations)을 뜻하는 **판타 에뜨노스(panta ethnos)**의 문자적인 해석은 단지 사람에게만 국한되는 것이 아니다. 그래서 예수님께서 그의 추종자들에게 열방으로 가서 그들을 제자로 삼으라고 명령을 주셨을 때, 그는 단지 그 사람들만이 아니라 그 땅과 정부와 지도자들과 통치자들과 사업들과 가정들과 학교들 기타 등등을 말씀하고 계신 것이었다. 교회는 문화에 영향을 미쳐야만 한다.

하나님 왕국의 대표로서 우리는 우리의 영향권 안에 있는 지역과 영역들 내에 올바른 패러다임을 만들어 나가고 있어야 한다. 우리는 경이로운 하나님을 섬기고 있다. 그는 우주의 창조자이시다. 그는 지구상에 있는 하나님의 대사로서 그의 형상을 따라 우리를 만드셨다. 우리는 우리가 잃어버린 세상을 우리 하나님께로 인도하고 문화들을 바꾸어 나가는 데 필요한 지지(favor), 창의성, 권세(power), 지혜, 전략, 그 외에 모든 것들을 이미 사용가능한 상태로 가지고 있다. 우리를 우리 집이나 지역이나 사업장이나 교회나 어디에 두셨든지 간에, 하나님께서 그 과업을 위해서 우리를 구비시키셨고 기름부으셨다.

다스리는 위치에 두어짐

이제 우리가 우리에게 주어진 영역 안에 법률을 제정하기 위해서, 우리의 존재를 드러내어야만 한다. 이것은 우리의 분량의 한계가 우리가 거기에 있다는 것을 알아야 한다는 것을 의미한다. 우리는 숨을 수 없으며, 권위를 얻어야 한다. 예를 들어서, 사람들을 다룰 때에 우리가 그들의 삶에 다가가기 전에 신뢰를 쌓아야 한다. 때때로 우리가 그리스도에 관해서 이야기하기 전에 그들에게 그리스도를 보여주어야만 한다.

나의 세 자녀들이 어렸을 적에, 나는 우리 가족의 수입으로 사람들을 돕기를 원해서, 우리 집에서 피아노 레슨을 제공하기로 결정했다. 곧 그 소문이 퍼져나갔고, 오후 시간들이 신속하게 채워지기 시작했다. 이곳이 주님께서 내게 맡기신 영역이라는 것을 생각하면서, 나는 주님께서 나에게 예수님의 사랑의 계시가 필요한 학생들을 보내주시도록 기도했다.

나는 수지라고 하는 열여섯 살 된 소녀로부터 전화를 받았다. 그녀와 그녀의 가족은 태국으로부터 이주해온 사람들이었다. 그녀의 어머니는 영어를 하지 못했지만, 내가 그녀의 음악 선생님이 되기 전에 나를 만나기를 원했다. 나는 동의했고 인터뷰 스케줄을 잡았다. 그 다음날 오후에 수지와 그녀의 어머니가 우리 집으로 들어올 때, 주님께서 내게 내가 그녀에게 음악 레슨을 해주어야 하고 그녀의 구원을 믿어야 한다고 말씀하셨다. 주님은 이 어린 소녀가 그녀의 삶 가운데 매우 큰 소명을 가지고 있다고 말씀하셨다.

그 인터뷰는 긍정적이었으며, 수지는 곧 음악 레슨을 받기 시작했다. 매 레슨을 하기 전에, 나는 수지의 구원을 위한 중보기도 시간을 가졌다. 그녀는 나의 분량의 한계에 놓여졌으며, 그녀가 하나님의 왕국으로 들어오게 되는 것을 보는 것은 나의 책임이었다.

두 달이 지나가며, 그녀를 구원으로 인도하려는 내 마음의 안타까움은 점점 더 강하고 열정적으로 되어갔다. 그럼에도 불구하고, 나는 그녀를 향해서 설교하거나 나의 믿음을 강요하지 않았다. 나는 단순히 그녀를 사랑으로 대했고, 신뢰를 바탕으로 한 관계를 만들어나갔다. 어느 날 오후 음악 레슨 중간에, 수지가 갑자기 멈추더니 나의 눈을 들여다보았다.

"미스 베카, 질문 하나 해도 될까요?" 그녀가 말했다.

"그럼, 물론이지," 내가 대답했다.

"당신은 크리스천이죠, 그렇죠?"

"그래, 맞아. 그건 왜 물어?"

"당신의 얼굴이 기품(presence)으로 빛나요. 당신은 나를 사랑으로 대해주고, 당신의 집에는 성경구절들이 붙어있어요. 저도 제가 다니는 고등학교에 제게 예수님에 대해서 계속해서 이야기해주는 크리스천 친구들이 있어요. 저도 그에 대해서 알고 싶은 호기심이 있지만, 저희 가족은 부처를 섬겨요. 그가 아무 힘도 없는 거짓 신(false god)이라는 것을 저는 알고 있어요. 저는 거짓 신을 섬기는 또 다른 종교로 옮겨가기를 원치 않아요. 저는 저의 삶을 그에게 드리기 전에 예수님은 진짜(real)라는 것을 알아야겠어요."라고 그녀는 말했다.

"수지야, 예수님은 단 한 분의 진정한 세상의 구주(Savior)이셔. 나는 그가 네게 그분 자신을 나타내시기를 원하신다는 것을 알아. 네 삶 가운데 어떤 도움이 필요하지 않니? 우리는 예수님께 너를 도와달라고 함께 기도하며 요청할 수 있어. 그는 우리의 기도에 응답하실 것이고, 너는 그가 경배를 받으실 단 한 분이신 진정한 하나님이시라는 것을 알게 될거야."라고 내가 말했다.

잠시 후에 그녀가 말했다. "제게 도움이 필요한 것이 있어요. 두 주 전에 제 안경을 잃어버렸어요. 부모님이 정말 제게 화를 많이 내셨는데, 그것을 다시 사는데 돈이 많이 들었거든요. 그런데 어제 새로 산 안경을 또 잃어버렸지 뭐예요! 무서워서 부모님께 말씀도 못 드리겠어요. 우리가 제 부모님이 아시기 전에 그 새 안경을 찾을 수 있게 기도할 수 있을까요?"

"당연하지."라고 내가 대답했다. 그리고 우리는 합심으로 주님께 수지가 그녀의 안경을 찾도록 도와주실 것을 구했다.

말할 필요도 없이, 나는 주님께서 기적적으로 그 자신을 수지에게 나타내 보이실 것과 그녀의 안경이 발견되기를 기도했다. 다음 주 수지가 레슨을 받으러 왔을 때, 그녀는 흥분에 들떠있었다. 미처 내가 무슨 일이 있었냐고 묻기도 전에, 그녀는 기쁜 소식을 쏟아내었다.

"미스 베카, 우리가 기도한 다음 날, 제가 학교에 갔었어요. 영어 수업 후에 선생님이 저를 선생님 책상으로 부르시더니, 책상 서랍을 여셨어요. 그리고 안경 하나를 제게 건네주시며 이게 네 것이냐고 물으시는 게 아니겠어요. 미스 베카, 그게 바로 제가 잃어버렸던 첫 번째 안경이었어요. 그리고 그날 오후에 버스운전기사가 분실된 안경 하나를 제게 건네주었는데, 그것이 바로 얼마 전에 부모님이 사 주셨던 그 새 안경이었어요! 예수님께서 제가 새 안경을 찾을 수 있게 도와주셨을 뿐만 아니라, 제 첫 번째 안경도 찾아주셨어요. 저를 그에게로 인도해주시겠어요? 그가 단 한 분이신 진정한 하나님이시라는 것을 저는 알아요." 수지가 예수님을 그녀의 구주로 받아들였을 때, 우리 둘은 함께 기쁨의 눈물을 흘렸다.

수지는 구원을 받은 이후, 하나님의 말씀을 향한 깊은 갈증을 경험하기 시작했다. 그렉과 나는 그녀에게 성경책 한 권을 가져다주었는데, 그 때부터 수지와 나는 음악수업의 앞부분은 피아노 레슨에, 마지막 부분은 성경을 공부하는데 할애하였다. 그녀의 불교신자 부모님은 그녀가 성경 읽는 것을 금할 것이었으므로, 그녀는 밤늦게까지 자지 않고 침대 시트 속에서 플래시라이트 빛으로 성경을 읽었다. 수지는 또한 그녀의 인생을 향한 목적과 소명을 발견하기 위해서 주님을 구하기 시작했다. 주님께서는 그녀의 마음에 그녀의 부모님과 부처를 섬기는 데에 빠져있는 태국에 있는 모든 가족들을 위한 중보기도에 대한 부담을 주시기 시작했다. 그녀는 그들이 구원으로 나아오기를 사모했다. 하나님께서 그녀의 삶 가운데 강력하게 역사하시고 계셨다.

어느 날 그녀가 내게 자신이 어떤 어려운 장애에 직면해 있다고 말했는데, 그것은 그녀의 부모님이 그녀에게 부처한테 기도하고 승려에게 축복을 받으러 절에 가자고 하고 있는 것이었다. 그녀는 가기를 원치 않았지만, 그렇게 할 수밖에 없도록 일이 진행되고 있었다. 우리는 기도하며 주님께 그녀의 편에서 강하게 역사해 달라고 요청했다.

그녀가 승려에게 축복을 받는 날이 되었다. 그녀의 부모님이 부처상에 기도한 후, 모든 가족이 차례로 축복기도를 받기 위하여 한 승려에게 다가갔다. 수지는 축복을 받을 마지막 가족멤버였다. 그 승려가 그녀의 어깨에 손을 얹으려고 손을 내밀었는데, 그의 손이 멈칫했다. 그는 그녀의 눈을 들여다보며, 한 번 더 그의 손을 그녀의 어깨에 얹으려 했지만, 마치 무엇인가가 그녀에게 손을 대지 못하도록 막고 있는 것 같았다. 그는 마치 그녀 속에 있는 능력을 인정한다는 듯이 그녀에게 절을 하고는 그 자리를 떠났다. 하나님께서 수지를 위하여 기적을 행하신 것이었다. 그렇게 함으로써, 주님께서는 그녀의 분량의 한계 안에서 그녀가 가지고 있는 권세를 보여주셨다.

수지가 마지막으로 음악레슨을 받던 날, 그녀가 말했다, "미스 베카, 저를 예수님께 인도해주셔서 감사해요. 저는 당신이 제가 대학을 졸업한 후에 선교사로 태국에 가서 제 민족을 주님께로 인도하기로 한 것을 알기를 원해요. 저는 부처숭배의 어두움 속에 붙잡혀 있는 그들에게로 나아가야 해요." 우리 둘은 함께 수지가 구원 받은 것과 그녀의 삶을 향한 주님의 신실하심 그리고 태국에 있는 불교를 믿는 국민들을 위한 그녀의 소명에 대해서 주님께 감사했다.

주님은 수지를 내게로 인도하셨고, 그녀가 나의 영역 안에 있는 동안에, 나는 그녀의 구원을 믿었다. 그녀는 예수님을 만났고, 그녀의 영역과 분량의 한계에 대해서 이해할 수 있도록 훈련받았으며 갖추어졌다. 그리고 그녀는 다른 사람들을 예수님께 인도하고 그들의 분량의 한계를 발견하도록 훈련하기 위해서 떠났다.

우리의 과업이나 분량의 한계가 무엇이든지 간에, 우리가 그것을 인식하고 그것에 관해서 주님과 함께 뜻을 같이 한다면, 열방을 제자로 삼는 일이 일어날 것이다.

대적에게 저항하는 것-강력하게

하나님의 왕국을 확장하기 위해서 우리가 우리의 분량의 한계 안에서 일할 뿐만 아니라, 대적이 우리의 영역에 들어와서 더럽히지는 않는지 혹은 그것의 일부를 점령하지는 않는지를 알 수 있도록 주의해야 한다. 교회는 이 땅에서의 사단의 책략을 패퇴시키기 위하여, 전략적인 차원에서의 영적전쟁기도(spiritual warfare prayer)를 해나가야만 한다. 사실, 교회의 영적전쟁기도 참여는 아담에게 주어졌던 이 땅을 다스리는 소명(dominion mandate)의 한 부분이다. 예수님께서 이 지상에 대한 모든 권세를 가지고 계신다. 하지만 우리는 우리의 죄와 이 땅에 대한 형편없는 보살핌(poor stewardship)에 대해서 회개함으로써, 대적의 계획과 책략을 무력화시킴으로써, 그리고 더럽혀진 땅을 깨끗케 하고 다스리는 영역을 재확립함으로써 그와 함께 동역한다. 주님은 이 땅에 대한 과거의 더럽혀짐으로부터 기인된 속박을 깨부수도록 그리고 사단과 그의 군대가 더 이상 진군하지 못하도록 경계하고, 저항하고, 막아내도록 우리를 부르고 계신다.

예수님께서 "세례(침례) 요한의 때부터 지금까지 천국은 침노를 당하나니 침노하는 자는 **빼앗느니라**"(마 11:12)고 말씀하셨다. 세례(침례) 요한은 사람들에게 회개하라고 저돌적으로 설교하면서 무대에 등장하였다. 그는 엘리야의 심령으로 와서 메시아의 오심을 알렸다. 그는 마치 우리가 하나님의 왕국을 드러내도록 부름받은 것과 꼭 같이 하나님의 왕국을 위한 길을 예비하고 있었다.

위의 구절의 전통적인 해석은 하나님의 왕국을 대표하는 사람들의 본성에 초점을 맞추고 있다. 예수님께서는 그의 추종자들은 예수 그리스도를 따르기 위하여 죄로부터와 세상의 길로부터 분리되는 일에 헌신된 침노하는(forceful) 사람들이라고 지적하신다. 우리는 그 대가가 무엇이라고 할지라도, 의를 가지고 천국과 그의 능력을 열심히 추구하며 살아간다. 이러한 자세가 갖는 목적들 중의 하나는 이 세상의 문화들을 타락시켜온 사단의 책략에 저항하는 것이다.

이 구절의 덜 전통적인 해석이 매혹적이며 우리의 연구에 적절하다. 오스트레일리아의 교수이며 헬라어 전문가인 앤 나일랜드 박사(Dr. Ann Nyland)는 이 구절에 신선한 통찰력을 부어왔는데, 그 내용은 The Source New Testament에 실려 있다. 다음은 그녀의 번역이다. "세례자(침례자) 요한의 때부터 지금까지, 하늘의 왕국(Heaven's Realm)은 그것에 대한 합법적인 권리가 없는 사람들에 의해서 사용되어지거나 혹은 강탈을 당하기조차 하고 있다. 이것은 그것에 대한 합법적인 권리를 가지고 있는 사람들이 그들 자신의 재산을 향유하는 것을 방해하고 있다." 이러한 번역은 "침노하고 있는(forcefully advancing)" 자가 대적이라는 것을 암시하고 있다. 이러한 행동에 대한 헬라어는 **비아**(bia)이다. 나일랜드 박사는 그의 연구에서 이 단어가 불법적이고 강제적인 획득이나 소유를 일컫는 것이라는 것을 발견했다. 마찬가지로 **빼앗느니라**(lay hold or seize)에 해당하는 헬라어는 **하파조**(harpazo)인데, 이것은 불법적으로 땅을 강탈하는 것으로서 정의된다.

이것은 이 지상의 왕국에 대한 대적의 정확한 책략이다! 우리가 익히 보아온 대로, 그는 그와 동역할 사람을 찾고 있으며, 사람의 협력을 통하여, 우리 것이었던 것을 자기 것으로 확고히 한다. 이것은 하나님의 정당하고 합법적인 아들들과 딸들인 교회가 이 유산에 대한 공동 상속자로서, 우리의 영역에 대한 더 이상의 불법적인 점거를 거절하면서 지상 위에 굳게 서 있어야 할 필요를 확증해 준다.

몇 년 전에 주님께서 우리 가족에게 새로 조성된 이웃환경에 새로 지어진 집을 가질 수 있도록 축복해주셨다. 그곳은 많은 크리스천 가정들이 사는 평화로운 지역이었는데, 또한 영적인 추수를 위해서도 잘 익은 새로운 벌판이었다. 가까운 곳에 대여섯 개 정도의 교회들이 세워지고 있었다. 살기에 아주 좋은 장소였다.

어느 날 그렉과 내가 동네를 가로질러 차로 드라이브하고 있을 때, 초등학교 맞은편에 있는 코너 부지에 한 표지판이 있는 것을 보았다. 우리 둘 다 그것이 새로운 교회를 세운다는 것을 알리는 안내판일 것으로 짐작했다. 확인해보고 싶은 마음에, 거기에 더 가까이 다가가서 읽어 보았더니, "몰몬교회를 위한 미래의 집"이라고 적혀 있었다. 이것은 결코 우리가 우리 동네에 있기를 기대했던 영적인 영향은 아니었다.

며칠 후 우리가 그 코너 부지를 다시 지나칠 때, 내가 그렉에게 그들이 그 땅에 몰몬교회를 세우기 시작하기 전에 누군가가 무슨 일을 해야 할 필요가 있을 것 같다고 말했다. 그는 웃으면서, "당신이 옳아! 그래 당신 언제 그 일을 시작하려고 해?"라고 말했다. 그의 도전적인 말은 나를 놀라게 했다. 비록 내가 내 영역에 거짓 종교가 세워지는 것을 원치 않았지만, 그 문제를 내가 직접 다루어야겠다고는 생각지 않았었다.

그렉이 맞았다. 주님께서 우리가 그 땅에 서서 그 거짓 종교가 들어오는 것을 막도록 우리를 부르고 계셨다. 그 다음 주일 우리 가족이 교회에서 돌아올 때, 우리는 그 코너 부지에 멈추었다. 그리고 그렉과 나는 그 표지판 바로 앞에 섰다. 나는 그렉에게 그가 기도하기를 원하는지 물었다. 그는 "아니, 당신이 해. 나는 주님이 이끄시는 대로 당신과 함께 하려고 여기 왔을 뿐이야."라고 대답했다. 나의 일생동안 나를 축복하고 내가 기름부음을 받을 수 있게 하는 이 남자와 결혼한 것이 얼마나 큰 축복인지!

그래서 나는 기도하기 시작했다. 우리가 무엇을 하도록 거기에 보내심을 받았는지 알고 있었기 때문에, 그것은 긴 기도가 아니었다.

"아버지,"라고 나는 시작했다. "우리는 이 아름다운 이웃환경과 당신이 여기에 살도록 보내주신 모든 가정들로 인하여 당신께 감사합니다. 아버지, 우리는 당신이 그들의 삶 가운데 행하려고 하시는 일로 인하여 당신께 감사합니다. 그리고 바로 지금 우리는 이 영역의 합법적인 땅 주인과 집 주인으로서 서 있습니다. 우리는 이 지역의 합법적인 영적인 권세를 가진 자로서 서 있습니다. 그래서 지금 우리는 예수 그리스도의 이름으로, 이 동네에 그 어떤 몰몬교회도 세워지지 않을 것이라고 말한다. 우리는 몰몬교회에 붙어있는 거짓말하고 그릇된 영과 모든 적그리스도와 주술의 영들에게 NO라고 말한다. 너희들은 들어올 권리가 없고, 이 영역에 대한 권리를 얻을 수도 없을 것이다. 너희들을 환영하지 않는다. 우리는 예수님의 이름으로 NO라고 말한다. 우리는 이 교회 건물을 세우는 데 드는 자금줄이 말라버릴 것을 말한다. 우리는 이 건물을 짓기 위해서 요구되는 행정서류들이 통과되지 않을 것이며, 은행이 대출을 승인하지 않을 것을 말한다. 너희에게 지금 바로 문이 닫혀 있다. 그리고 아버지, 우리는 이 몰몬교회에 속해 있는 모든 사람들을 위해서 기도합니다. 우리는 그들의 정신과 마음을 속이고 있는 기만의 세력이 깨뜨려지고, 구원이 그들의 삶 속으로 샘물처럼 솟아 들어가도록 마음을 함께 하고 있습니다. 우리는 그들의 구원을 인하여 미리 당신께 감사를 드립니다. 예수님의 이름으로 우리가 기도드립니다. 아멘!"

떠나기 전에 우리는 성유(anointing oil)를 그 표지판 주위에 뿌리고, 그 땅을 하나님의 왕국을 위하여 되찾았다. 우리가 이러한 선언을 5년 전에 했었다. 오늘날까지 그 몰몬교회는 그 땅에 세워지지 않고 있다. 사실 그 표지판이 제거되어 있다. 이것이 우리의 영역통치(dominion)인데, 우리의 분량의 한계 안에 있는 땅에 대한 불법적인 점유나 강탈을 거절하는 예수 그리스도의 추종자들로부터 나오는 외침이다. 그것은 사단의 왕국 속으로 울려 퍼지는 다음과 같은 선언이다. "내 도시, 내 가족, 내 영역, 내 경계구역은 안 돼!"

우리를 둘러싸고 있는 이 세상은 회복되기를 기다리고 있다. 해답을 찾고 있는 잃어버린 영혼들이 있고, 정결케 될 필요가 있는 땅이 있으며, 고쳐질 필요가 있는 법들이 있다. 다음 장에서 우리는 하나님의 왕국계획 안에 있는 우리의 지위를 어떻게 차지할 것인가에 대해서 배우게 될 것이다.

제 7 장
당신의 자리를 차지하는 것
Taking Your Places

    인류와 피조세계를 위한 하나님의 원초적인 설계(original design)를 재확립하는 일에 우리 각 사람이 해야 할 역할이 있다는 것을 발견하는 것은 흥분되는 일이다. 예수님께서는 "때가 찼고"(막 1:15)라고 말씀하셨다. 지금이 우리가 하나님 왕국의 대사들로서의 우리의 자리를 차지해야 할 시간이다. 여러분이 막상 어디에서부터 시작해야 할지 혹은 어디가 당신이 영향력을 미쳐야 할 영역인지에 대해서 의아하게 생각하고 있을지도 모르겠다. 우리는 우리가 어디에 있든지 간에 하나님의 왕국도 거기에 있다는 것을 알고 있다. 우리 모두는 그 왕국을 위한 어떤 목적을 위하여 일하도록 지어졌다. 지금은 교회가 어떻게 변화와 변혁을 가져오도록 영향력을 행사할 것인지에 대해서 이야기만 하는 것이 아니라, 행동을 취할 수 있도록 능력을 부여받을 때이다.

그 일에 하나님과 함께 하라

우리가 존재하는 이유가 있다. 하나님께서 우리 각 사람을 만드실 때, 마음속에 한 계획을 가지고 계셨다. 우리는 우리의 창조주처럼 마음속에 비전을 가지고 있다. 하지만 우리 중 많은 사람들이 우리에게 의도된 목적을 온전히 이해하지 못한 채 살아가고 있다.

잠언 29장 18절은 우리에게 친숙한 구절인데, 킹제임스 번역본(King James Version)에 의하면, 그 구절은 비전이 없으면 백성이 망한다고 우리에게 말하고 있다. NIV(New International Version)는 그 구절을 이렇게 번역하고 있다. "묵시(revelation)가 없으면 백성이 방자히 행하거니와 율법을 지키는 자는 복이 있느니라." 하나님의 뜻과 길에 대한 분명한 이해가 없을 때, 사람들은 성경적인 표준 안에서 살아가려는 욕망을 잃어버리게 된다. 우리가 하나님의 왕국 생활 습관을 놓치게 될 때, 희망과 가르침을 가져오는 아무런 비전도 없게 된다. 결국 길을 잃게 되는 것이다.

반면에, 우리가 우리의 구원을 삶을 통하여 이루어내고 하나님께 더 가까이 나아갈 때, 그는 그의 계획을 따르려는 욕망을 부여해주실 것이다. 바울이 "너희 안에서 행하시는 이는 하나님이시니 자기의 기쁘신 뜻을 위하여 너희로 소원을 두고 행하게 하시나니"(빌 2:13)라고 말했듯이. 하나님께서는 우리에게 그를 따르고 기쁘게 하기로 결심하고 결단하는 마음만을 주시는 것이 아니라, 그렇게 할 수 있는 능력

또한 우리에게 주신다. 두 가지가 서로 작용하는 것이다. 우리의 의무는 하나님께로부터 영감을 받는 것이다. 다음의 말은 The Complete Biblical Library라는 책에 있는 것인데, 빠른 속도로 내가 가장 좋아하는 말들 중의 하나가 되어가고 있다. "성경적인 접근방법은 그냥 두어 하나님께서 하시게 하는 것이 아니라, 하나님과 함께 그 일에 참여하는 것이다." 친구여, 지금이 하나님과 함께 그 일에 동참하여 우리의 영역 안에서 변혁을 일으키기 위해서 일할 때이다.

변명의 목록

지금 당신 마음속에 당신이 하나님의 왕국을 위한 과업에 부적격한 사람이라는, 내가 변명의 목록이라고 일컫는 것을 열거하고 싶은 유혹이 있을지도 모른다. 아마도 당신이 이 글을 읽을 때, 당신은 당신의 일생을 위하여 하나님께서 정하신 계획이 왜 성취될 수 없는지에 대한 모든 이유들의 목록을 보게 될 것이다. 심지어 당신은 당신이 이 글을 읽어는 나가겠지만, 그것들이 결코 당신에게는 적용되지 않을 것으로 생각하고 있을 수도 있다. 다음과 같은 의심늘이 일어날 수 있다. **나는 훈련되지 않았어; 나는 신학교나 신학 학위가 없어; 나는 외향적인 사람도 카리스마가 있는 사람도 아니야; 내가 무엇을 할 수 있겠어?** 당신이 당신의 가족, 이웃, 도시, 혹은 지구상의 나라들을 마음에 그리며, 그들이 구속되고 변화되는 것은 불가능하다고 생각하고 있을지도 모른다. 그 과업이 너무 크다고.

당신은 당신이 일을 시작하려면 당신에게 위대한 능력이 필요하다고 생각하는가? 과거의 성자들이나 영웅들이 항상 위대한 능력의 사람들이었던 것은 아니었다. 모세는 말을 더듬었으나, 이스라엘의 자녀들을 위하여 바로에게 하나님의 메시지를 전했다. 다윗은 그의 형제들 중에서 막내였고 목동에 불과했지만, 거인을 물리치고 왕이 되었는데, 그는 하나님의 마음에 합한 사람이었다. 드보라는 이스라엘을 전쟁에서 승리하게 한 말씀으로 성령님에 의하여 감동이 되었다. 라합은 하나님의 백성을 존중한 창녀였고 결국 예수님 직계 계보에 그 이름을 올렸다. 야곱은 변화되었다. 바울도 변화되었다.

오늘날의 위대한 크리스천 지도자들 속에 역사하신 똑같은 성령님이 우리 각 사람 속에서도 역사하고 계신다. 여기에 당신의 다스리는 삶을 위하여 당신이 붙들 수 있는 가장 전략적인 명제들 중의 하나가 있다. **결코 당신의 한계로 당신의 미래를 결정짓게 하지 말라.** 하나님께서 우리를 강하게 하실 때는 우리가 약함 가운데 있을 때이다. 사실, 만약 우리가 하나님께서 우리에게 할당해주시는 일을 우리 자신의 힘으로 할 수 있을 것으로 생각한다면, 그때 우리는 위험한 자리에 있는 것이다. 우리의 과업을 완수하기 위하여 우리는 그를 필요로 한다. 하나님께서 우리를 무슨 일을 하라고 부르시든지 간에, 그 일이 성취되기 위해서는 하나님께 대한 전적인 의존과 믿음이 요구된다.

우리를 향한 하나님의 꿈들은 우리의 꿈들보다 훨씬 더 크다. 그는 우리의 개인적인 역량과 능력을 온전히 극대화할 수 있다. 열등감과 실패에 대한 생각 대신에, 신뢰와 결의에 가득 찬 외침이 우리 마음속에 울려 퍼져야 한다. **하나님, 저를 사용하세요!**

지극히 작은 일에 충성된 자에게

예수님의 달란트 비유는 하나님의 왕국계획에 있어서의 우리의 능력(ability)에 관한 강력한 성경적인 진리들을 우리에게 보여주고 있다.

> 또 어떤 사람이 타국에 갈 제 그 종들을 불러 자기 소유를 맡김과 같으니 각각 그 재능대로 하나에게는 금 다섯 달란트를 하나에게는 두 달란트를 하나에게는 한 달란트를 주고 떠났더니(마 25:14-15)

달란트는 고대세계에 있어서 가장 큰 통화단위였다. 한 데나리온은 한 사람의 하루 동안의 품삯과 거의 동등하였고, 한 달란트는 6,000 데나리온과 같았다. 한 달란트는 거의 20년 동안의 품삯이었다. 이 비유에는 명백히 문제가 되고 있는 큰 금액의 돈이 있다. 이것은 종들에 대한 주인의 신뢰와 그 종들이 가졌던 엄청난 책임에 관한 운명을 이야기하고 있다.

재능(ability)에 해당하는 헬라어는 **두나미스**(dunamis)인데, 이것은 "능력(power)"으로도 번역된다. 이 단어는 그 종들이 주어진 임무를 완수할 수 있는 능력과 권세와 재능을 가지고 있었다는 것을 가리킨다. 그 주인은 각 사람의 권세와 능력의 수준을 분별할 정도로 현명한 사람이었다. 그 첫 번째 종에게는 100년-평생-동안의 품삯이 맡겨졌다. 그 두 번째 종에게는 40년의 품삯이, 그 세 번째 종에게는 20년의 품삯이 맡겨졌다. 세 사람 모두에게 책임이 맡겨졌고, 청지기직을 수행할 기회가 주어졌다.

종들에게 그의 재산에 대한 청지기직을 맡겼던 이야기의 주인과 꼭 마찬가지로, 주님께서는 우리 각 사람에게 은사와 재능과 돈 곧 분량의 한계와 함께 주어진 모든 것을 맡기셨다.

각각의 종들이 어떻게 그에게 맡겨진 돈을 다루었는지 조사해보자.

> 다섯 달란트 받은 자는 바로 가서 그것으로 장사하여 또 다섯 달란트를 남기고 두 달란트를 받은 자도 그같이 하여 또 두 달란트를 남겼으되 한 달란트 받은 자는 가서 땅을 파고 그 주인의 돈을 감추어 두었더니(16-18절)

그 첫 번째 두 종들은 즉시 나가서 그들의 과업을 성취하기 시작했고, 그들의 돈을 두 배로 불렸다. 세 번째 종에게는 좀 더 적은 것이 맡겨졌지만, 그것이 그의 책임이 덜하다는 것을 의미하지는 않았다. 그는 그의 과업을 성취하는 대신에 그 달란트를 땅 속에 묻어두는, 두려워하는 동시에 게으른 조치를 취했다.

오랜 후에 그 주인이 돌아와 회계하였다. 나는 그 주인이 즉시 돌아오지 않았다는 사실이 흥미롭다. 그는 그의 종들에게 그 달란트들을 증식할 수 있는 많은 시간을 주고 있었다. 똑같은 것이 우리 각 사람에게도 해당된다. 주님께서는 우리에게 그의 왕국 사업을 할 수 있는 기회를 주시면서 그의 재림을 연기하고 계신다.

그들의 청지기직을 회계하는 날이 되었을 때, 그 첫 번째 두 종들은 그들이 그들의 주인께 헌신적이었다는 것을 보여주었다. 그들은 그들에게 맡겨진 돈을 두 배로 불렸다. 이 둘은 주인의 칭찬을 받았으며, 그들에게 더 많은 것들이 맡겨졌다. 그들에게 다스리도록 주어진 영역은 그들이 맡았던 본래의 분량을 훨씬 능가하는 것이었다. 그들은 지금 그들의 은사와 재능과 영향력과 돈을 사용할 수 있는 더 늘어난 책임과 더 많아진 기회들을 위한 여유를 가지고 있다.

하지만, 그 세 번째 종은 주인의 축복을 받지 못했다.

> 한 달란트 받았던 자도 와서 가로되 주여 당신은 굳은 사람이라 심지 않은데서 거두고 헤치지 않은데서 모으는 줄 내가 알았으므로 두려워하여 나가서 당신의 달란트를 땅에 감추어 두었었나이다 보소서 당신의 것을 받으셨나이다 그 주인이 대답하여 가로

되 악하고 게으른 종아 나는 심지 않은 데서 거두고 헤치지 않은 데서 모으는 줄로 네가 알았느냐 그러면 네가 마땅히 내 돈을 취리하는 자들에게나 두었다가 나로 돌아 와서 내 본전과 변리를 받게 할 것이니라 하고 그에게서 그 한 달란트를 빼앗아 열 달란트 가진 자에게 주어라(24-28절)

여기에서 우리는 그의 미래의 유산을 손상시키는 변명과 실격사유와 한계의 목록을 허용했던 한 사람의 예를 본다. 그가 그의 주인에게 나아갔을 때, 그는 방어적이었고 비난을 전가하려고 했다. 그는 자신의 부족한 점과 게으름을 인정하는 대신에 그의 주인을 이상하게 사업하는 사람으로 비난했다. 결국 그는 그의 주인의 영역(domain) 안에서 성장할 수 있는 그의 책임과 지위와 기회를 잃었다.

작은 것에 충성된 사람에게 더 많은 것이 맡겨질 것이다. 이것은 하나님의 왕국에 대한 얼마나 강력한 예증인가! 그들의 은사, 능력, 재능, 돈, 기타 등등을 그들의 분량의 한계 안에서 주님께 복종하는 자리에 두는 사람들은 축복을 받을 것이며, 그로부터 더 많은 것을 받는 자리에 두어질 것인데, 그것들은 더 많은 그의 임재, 더 많은 그의 선하심, 더 많은 그의 의, 더 많은 그의 권세, 그리고 더 많은 그의 영역이다.

알다시피, 하나님께서는 항상 그의 일에 분주하시다. 우리가 우리에게 주어진 분야에 충성스럽고, 깊이가 있고, 성숙된 모습으로 자라갈 때, 주님께서는 우리의 지경을 넓혀주실 것이다. 하나님께서는 항상 우리를 그의 임재 안에서 더 깊고 더 높은 자리로 데리고 가신다. 우리가 그와 우리 주변사람들과의 관계 속에서 더 많이 성장할수록, 우리가 영향을 미치는 영역과 사람들은 더 많아진다.

이것이 우리의 사명(mission)이다. 하나님의 왕국 안에서 우리의 자리를 차지하고 우리의 책임 분야 안에서 주님과 함께 다스리는 능력의 과업 속으로 들어가는 것이다. 다음은 이를 위하여 우리가 착수해야 할 네 가지 포인트들이다.

1. 먼저 하나님의 나라(왕국)를 구하라

우리의 가장 중요한 일은 하나님과의 친밀한 교제 안에 있는 것이다. 주님과 동행하는 우리의 모든 삶은 이 개인적인 관계로부터 나온다. 우리가 하나님의 음성을 듣고, 우리의 삶에 하나님께서 부여해주신 과업들을 분별해내는 것은 이 자리에서이다. 예수님께서 가르치셨듯이, "너희는 먼저 그의 나라와 그의 의를 구하라 그리하면 이 모든 것을 너희에게 더하시리라"(마 6:33).

이 구절에 이르기까지, 예수님께서는 돈과 육체적인 그리고 영적인 필요를 채우기 위하여 끊임없이 일어나는 염려에 대한 주제를 가지고 가르치고 계셨다. 우리는 그의 나라와 의를 구해야만 하며, 그렇게 하면 그가 우리의 필요를 돌보아주실 것이다.

구하다(seek)라는 단어는 무엇인가를 찾는 데에 지속적으로 빠져있거나 무엇을 얻기 위하여 열심과 부지런함을 가지고 노력하는 것을 암시하고 있다. 이것이 우리의 삶 가운데 나타나는 하나님의 통치(rule)와 권세(power)를 얻기 위하여 우리가 노력해야 할 강도이다. 성령님을 통하여 우리는 예수님의 명령들에 순종하며, 그의 의를 소유하며, 세상으로부터 구별되어 있으며, 모든 사람에게 그리스도의 사랑을 보이기를 구한다. 이것이 우리의 가장 큰 욕망이 될 때, 우리는 자연스럽게 그의 목적들에 순종하게 되기를 원할 것이다. 그때 우리는 그의 전략들을 받고 그것들을 완수할 수 있는 능력을 부여받게 될 것이다. 모든 영적인 축복들이 오는 것은 우리와 주님과의 개인적인 관계 곧 그의 나라를 구하는 것을 통해서이다.

2. 그의 나래(왕국)가 임하도록 기도하라

우리가 하나님과의 바른 관계 속에 있을 때, 하나님의 왕국에서 우리의 자리를 차지하는데 그 다음으로 가장 중요한 요소는 신실한 기도생활이다. 하나님의 모든 위대한 역사 뒤에는 기도가 있다. 우리가 역사에 영향을 미칠 수 있는 것은 기도를 통해서이다. 다음은 기도의 가치에 대해서 근세사의 위대한 영적인 지도자들이 말한 것들 가운데 일부를 인용한 것이다.

"기도할 때 무엇보다도 하나님을 제한하지 않도록 주의하라. 그것은 불신앙에 의해서만이 아니라 당신이 그가 무엇을 할 수 있을지 안다고 생각하는 망상에 의해서도 일어난다. 우리가 구하거나 생각하

는 모든 것을 뛰어넘어 기대할 수 없는 것을 기대하라."(Andrew Murray)

"하나님께서는 기도에 의하지 않고서는 아무 일도 하지 않으신다. 모든 일을 기도와 함께 하신다."(John Wesley)

"기도는 우리를 더 위대한 일을 하도록 만드는 것이 아니고, 기도하는 것 자체가 더 위대한 일이다."(Oswald Chambers)

"하나님의 모든 위대한 역사는 무릎을 꿇고 기도하는 한 사람에게까지 추적될 수 있다."(D. L. Moody)

"만약 교회가 중보기도의 책임이라는 고유의 책임에만 깨어있어도, 우리는 짧은 시간 내에 세계를 복음화할 수 있을 것이다. 단지 세계가 언젠가 궁극적으로 복음화되게 하는 것이 하나님의 계획이 아니다. 모든 세대에 그렇게 복음화되어야만 한다. 복음 곧 그리스도를 통한 구원의 좋은 소식을 들어보지 못하고 눈을 감으며 죽는 죄인이 하나도 없도록 세계의 모든 구석구석까지 지속적인 복음전도가 행해져야 한다."(T.S. Hegre)

그리고 예수님께서도 우리에게 다음의 놀라운(transforming) 말씀을 주셨다.

> 그러므로 너희는 이렇게 기도하라 하늘에 계신 우리 아버지여 이름이 거룩히 여김을 받으시오며 나라이 임하옵시며 뜻이 하늘에서 이룬 것같이 땅에서도 이루어지이다 오늘날 우리에게 일용할 양식을 주옵시고 우리가 우리에게 죄 지은 자를 사하여 준 것 같이 우리 죄를 사하여 주옵시고 우리를 시험에 들게 하지 마옵시고 다만 악에서 구하옵소서(나라와 권세와 영광이 아버지께 영원히 있사옵나이다 아멘)(마 6:9-13)

예수님께서는 우리에게 하나님의 나라(왕국)가 임하도록 그리고 그 왕의 뜻(agendas and standards)이 하늘에서와 같이 이 지상에서도 이루어질 것을 기도하라고 가르치셨다. 우리가 지금까지 살펴보았듯이, 이것이 천년왕국 때 이루어지도록 유보되어 있는 것은 아니다. 그것은, 하나님의 뜻이 하늘에서와 같이 지상에서도 항상 이루어지도록, 하나님께서 지금 우리 각 사람의 마음을 다스리시려는 욕망을 표현하고 있다.

하나님의 왕국의 영적인 임재와 나타남을 위해서 기도하는 것은 지금 사단의 역사와 계략에 맞서서 하나님의 권세 안에서 살아가는 것, 병든 자들을 위해서 기도하는 것, 잃어버린 자들을 찾아나서는 것, 의를 장려하는 것, 주님의 사랑 안에서 살아가는 것, 우리의 지역과 영역 안에 굳게 서는 것, 그리고 변화의 주역이 되는 것을 포함한다. 우리는 주님을 부지런히 구하고 그의 왕국이 오늘 이 지상에 나타나도록 기도해야 한다.

친구여, 나는 지금 하나님의 더 많은 것을 원하고 있다. 우리의 기도들이 변화와 부흥을 위한 길을 닦는 우리의 분량의 한계 안에서 살아갈 수 있는 이 하루하루가 얼마나 경이로운가! 우리의 기도들과 하나님께 대한 신실함을 통하여, 이것이 실제가 될 수 있다.

3. 당신의 가정을 주님께 맡겨라

우리는 앞의 5장에서 개인적인 통치영역(dominion)으로 이끄는 가정생활의 원동력(dynamics)에 대해서 논의했다. 여기에서는 우리 가정에서 주님을 섬기고 예배하는 것과 서로서로를 섬기고 존중하는 것에 초점을 맞추겠다. 놀라운 진실은 크리스천 가정이 크리스천이 아닌 가정과 별로 다르지 않다는 것이다. 이혼, 간통, 학대 그리고 다른 형태의 불경건함이 우리 가정으로 침투하고 있다. 하지만 성경은 우리에게 우리 모두가 가정과 가족들을 돌볼 하나님의 왕국 청지기직을 가지고 있다고 가르치고 있다.

여호수아처럼 우리는 의의 길을 따를 것을 결정해야 한다. "오직 나와 내 집은 여호와를 섬기겠노라"(수 24:15)고 그가 말했다. 신자 한 사람마다 그가 누구를 섬기고 따를 것인지 계속적으로 선택해야만 한다. 시시때때로 우리는 주님에 대한 믿음 안에서 인내하고 주님께 순종하는 삶을 살기로 선택해야 한다. 우리가 주님과 그의 길에 대한 경외심으로 살아가고, 우리의 삶 가운데 그를 첫 번째에 두고, 그와 그의 사랑 안에서 서로서로에게 복종하며, 우리 자녀들을 주님의 길로 양육할 때, 우리는 가정생활 가운데 그의 왕국을 섬기고 있는 것이 된다.

남편과 아내 사이의 관계는 노력이 필요하다. 우리는 함께 기도해야 하고, 영적으로 그리고 감정적으로 함께 성장해야 하며, 함께 시간을 보내야만 한다. 부부는 존중하는 마음과 존경하는 마음을 가지고, 서로서로를 섬기며, 사랑하고, 복종해야 한다. 바쁜 스케줄 가운데서도, 부부는 이러한 관계를 유지하기 위하여 시간을 따로 떼어두어야 한다. 지금까지 결혼은 단지 서로 주고받는(give-and-take) 관계라고 알고 있지만, 양 배우자가 상대를 사랑하고 섬기는 자세를 가지고 결혼생활에 들어갈 때, 기쁨과 행복과 평화가 임하게 된다.

부모로서 우리는 우리 자녀들과 함께 하나님의 왕국 표준(standards)을 세울 필요가 있다. 우리는 그들을 사랑하고, 격려하며, 보호하고, 가르치며, 위해서 기도해주고, 훈육해야 한다. 그들을 교회로 데려가고, 예수 그리스도의 복음 메시지를 나누어주며, 주님께서 높임을 받는 가정을 마련해주는 것은 우리의 책임이다. 우리가 우리 자녀들에게 주님의 사랑을 부어줄 때, 우리는 그들을 지상에서 하나님께서 그들에게 부여해주신 목적을 위하여 준비시키고 있는 것이다.

질 카라티니(Jill Carattini)가 쓴 다음의 이야기는 가정에서의 믿음의 중요성에 대해서 잘 지적해주고 있다.

1742년에 있었던 한 장례식에서, 두 믿음의 거인이 그들 어머니의 무덤 곁에 서 있었다. 존 웨슬리(John Wesley)가 그 장례식을 인도했으며, 그의 동생인 챨스 웨슬리(Charles Wesley)가 묘비명을 썼다.

수잔나 웨슬리(Susanna Wesley)는 그녀의 남편이 "어머니들 중의 최고"라고 일컫는 여인이었다. 그의 자녀들에게 편지를 쓰면서, 그는 그들이 무엇보다도 "그녀가 하나님을 경외하라고 그들에게 자주 주었던 유익하고 사랑스러운 어머니의 충고와 상담"에 대해서 감사해야 할 분으로 묘사하였다.

수잔나는, 그녀의 자녀들이 그리스도를 알고 사랑하게 될 것을 믿고, 그러한 가르침이 그들의 삶의 규칙적인 생활의 하나가 되도록 확고히 했다. 그녀는 자녀들을 위하여 매주 특정한 날과 시간을 할애하여 하나님의 일과 그들의 마음속에 있는 것들에 대해서 앉아서 대화를 나누었다. 함께 보낸 그 시간들이 모두에게 익숙해져, 많은 자녀들이 성인이 되기까지 그들의 어머니와 편지쓰기를 통해서 논의를 계속했다. 한 번은 존 웨슬리가 그의 어머니에게 죄의 정의에 대해서 물었을 때, 신학 책들에서나 나올법한 응답을 받았다. "이것을 규칙으로 삼아라. 너의 이성을 약하게 하거나, 네 양심의 부드러움을 손상시키거나, 하나님에 대한 너의 감각이 모호해지거나, 혹은 영적인 것들을 향한 너의 흥미가 사라지게 만드는 것, 간단히 말해서 너의 정신을 압도하도록 너의 육체에 힘과 권세를 주는 것은 무엇이든지, 그것이 그것 자체로서는 아무리 순수하다고 할지라도, 너에게는 죄인 것이다."

라고 그녀가 존에게 편지를 썼다.

수잔나는 믿을 수 없을 정도로 지혜로웠으며, 그녀의 자녀들에게 훈련된 배움의 기쁨을 가르쳤다. 당시에 여자에게는 교육 받을 기회가 드물었는데, 젊은 여인이었던 수잔나는 그 기회를 잡을 수 있었다. 그녀의 남편이 설교하러 출장 갔을 때, 수잔나는 도서실에서 그녀의 가족들에게 설교문들을 크게 읽어주는 것을 습관으로 삼았다. 그녀의 부엌에서 모이는 매 주마다의 모임에 대한 소문이 신속히 퍼져나갔다. 그 소문을 듣고 200명 이상이 정기적으로 모이게 되자, 그 목사관으로는 더 이상 들으러 오는 사람들을 수용할 수가 없었다. 나중에 열정적인 설교자가 된 존과 위대한 찬송작가가 된 챨스가 길러진 환경이 이와 같은 것이었다.

그녀의 삶이 하나님을 추구하고자 하는 결심 하나로 규정될 수 있는 반면에, 그녀의 삶은 고난 하나로 규정될 수 있을 정도로 힘든 것이었다. 사무엘과 수잔나 웨슬리 사이에서 태어난 19명의 자녀들 중에 9명이 어릴 때 죽었다. 두 번씩이나 그들의 집이 불길에 타버렸는데, 한 번은 거의 존의 목숨을 빼앗아갈 뻔 했다. 그리고 그들은 극심한 가난 속에서 살았다. 하지만 그녀는 그녀의 확고한 믿음을 자녀들에게 끝까지 나누기를 고집했었고, 아마 그것이 18세기의 영국에 그녀의 자녀들보다 더 위대한 원동력이 없었던 이유가 되었을 것이다.

4. 당신의 "세계"에서 행동을 취하라

우리의 다양한 삶 가운데, 서로 다른 과업들(assignments)과 권한들(spheres of authority)이 서로 다른 사람들에게 할당되어 있으며, 이것들은 시대가 바뀜에 따라서 변할 수 있다. 어떤 사람들은 왕국권세를 가지고 그들의 동네 안에서 일하도록 부름을 받는다. 어떤 사람들은 일터에서 영향을 미치고 있다. 어떤 사람들은 정부기관 안에서 권세를 가지고 있다. 다른 사람들은 교회와 사역을 통해서 삶이나 지역에 영향을 미치고 있다. 또 다른 사람들은 그들의 도시나 주나 국가 내에 영적인 그리고 사회적인 변화를 가져오기 위해서 일하고 있다.

요점은 결국 주님 안에서 그리고 그가 우리에게 다스리도록 준 영역 안에서 일하라는 그의 부르심에 순종해야 한다는 것이다. 그는 우리가 다스리게 하셨다. 바울이 "그리고 맡은 자들에게 구할 것은 충성이니라"(고전 4:2)고 말했듯이. 우리는 하나님 왕국의 청지기로서 우리의 분량의 한계 내에서 충성스럽게 그리고 부지런하게 일할 것이 기대되고 있다.

다음의 이야기는 어떻게 주님께서 당신과 나 같은 평범한 사람들을 분량의 한계 내에서 영향력을 가지게 하시는지를 보여준다. 다음의 예화들이 당신이 당신의 영향권 내에서 행동을 취하기 시삭하노록 당신에게 감동을 줄 수 있기를 기도한다.

• 대학 기숙사에서의 영향력 행사

대학생인 요셉 윙거(Joseph Winger)는 그가 "다스려야 하는 영역(territory)"이 그가 살고 있는 작은 기숙사의 4층일지도 모른다는 것을 깨닫게 되었다. 그와 다른 두 명의 크리스천들이 매주 월요일부터 목요일까지 기도와 성경읽기를 하기 위해서 한밤중에 미팅을 갖기 시작했다.

놀랍게도, 그 다음 학기가 끝날 때까지, 20명 이상의 학생들이 하나님을 만나기 위해서 매주 나흘 밤을 한밤중에 모이게 되었다. 하나님은 나타나셨고, 마루에 앉아있던 모든 사람이 성령의 부어주심을 받았다. 신앙이 뒤로 후퇴하고 있던 자들이 주님께로 돌아왔다. 형식적인 크리스천들은 그를 향한 사랑으로 불붙여졌다. 어떤 학생들은 그때 처음으로 예수님을 만났다. 신자들과 불신자들 모두 주님의 임재가 그 길고 좁은 복도로 들어왔다는 것을 알 수 있었다. 세 명의 젊은 신자들이 지속적인 기도 속에서 연합한 것이 삶을 변화시키는 부흥으로 귀결되었다.

• 미조리 주 브랜슨에서의 영향력 행사

1996년 초, 미조리 주 브랜슨에서 한 그룹의 서로 다른 교단의 목사들이 기도하기 위해서 함께 모임을 시작했다. 그 모임은 처음에는 국제갱신사역(International Renewal Ministries)에 연계된 목사들의 기도회(pastors' prayer summit)의 한 부분이었던 것인데, 그들이 매달 한 번 수요일에 만나기를 계속했다. 그들은 사랑과 신뢰와 공동의 목적을 가지고 관계를 발전시켜나가기 시작했다.

그리고 몇 년이 흘렀다. 그 목사들이 모여 있던 어느 날 아침에, 비극적인 콜럼바인 고등학교(Columbine High School)의 총격사건이 일어났다는 뉴스를 듣게 되었다. 그들은 즉시 그들 자신의 고등학교에 기도하러 돌아가야 한다고 하는 생각에 동의했다. 그들 중 한 사람은 그 그룹이 주차장에서 기도하러 가고 있다는 것을 설명하기 위하여 교장과 접촉했다. 그 교장의 대답은 그들이 자신의 고등학교 안으로 들어와서 기도해 달라고 초청하는 것이었다. "우리는 당신들의 기도가 필요합니다."라고 그가 말했다. 그들은 도착하자마자 환영을 받으며 회의실로 안내되었다.

그날부터 계속 그 목사들이 그 고등학교의 회의실에서 매달 첫 번째 수요일에 모임을 갖고 있다. 많은 경우에 학교 담당자들이 그들과 합류했다. 이것이 그 목사들에게 브랜슨에 있는 다른 학교들에도 환영을 받으며 들어갈 수 있는 길을 열어주었다. 예를 들어 청소년 담당 목사들이 학교 캠퍼스에 들어가 학생들을 만나고 함께 점심식사를 하는 것이 환영받았다.

어느 날, 학교교구감독(school district superintendent)이 사임하였다. 그 직책을 보충할 기관이 먼저 그 직책을 대신할 사람에게 어떤 자격이 요구되는지를 알아보기 위해서 그 커뮤니티의 그룹들과 대화하기를 원했을 때, 그 학교이사회에서 먼저 그 기도하는 목사들의 그룹을 만나보도록 요청했다. 그 결과로 그 목회자들의 입김이 새로운 감독을 찾는 데 영향력을 미치게 되었다.

결국 한 신실한 크리스천이 그 자리에 고용되었다. 그는 학생회를 통하여 학생들이 성경책을 학교에 가져와서 읽도록 권고했다. 그는 올바른 기준을 세웠다.

게다가, 한 크리스천 사업가가 그 도시의 모든 사업체들을 대상으로 관리 및 관리자와 노동자의 관계에 대해서 훈련을 시키기 위해서 그 도시로 계속 초청되고 있다. 그 훈련은 섬기는 리더십(Servant Leadership)으로 명명되었는데, 성경을 가이드로 하는 기독교 원리들에 기초한 것이다. 포춘잡지(The Fortune)에 나오는 500대 회사 중에 50개 회사 이상이 그의 지침서를 사용하고 있다. 브랜슨에서는, 마지막으로 세었을 때, 학교 시스템과 지역 병원을 포함해서 23개에 달하는 사업체들이 이 섬기는 리더십 모델을 채택하였다. 매달마다, 사랑, 정직, 평화, 성결과 같은 성경이 강조하는 인격 특성이 이러한 모든 사업체들에서 주요 관심이 되고 있다. 그 도시 내의 피고용인들과 학생들은 이러한 인격 특성을 갖는 것의 중요성에 대해서 배우고 있다. 중요한 것은 이러한 23개 사업체에서 성경이 가르쳐지고 있다는 것이다. 그 도시는 그리스도를 따르는 것을 위한 기초를 놓고 있는 것이다.

• 아이다호 주 보이스에서의 영향력 행사

성경은 형제들이 연합하여 함께 동거하는 곳에 주님께서 축복을 명하신다고 말하고 있다(시 133편을 보라). 이것이 바로 정확히 목사들, 기도 지도자들, 남녀 사업가들, 정부기관의 지도자들이 트레저밸리(Treasure Valley 보물의 계곡)로 알려진 아이다호 주의 보이스라는 도시에서 발견한 진리인 것이다.

1991년에 트레저밸리에서 온 목사들의 그룹이 목사들의 기도회(Pastors' Prayer Summit)를 갖기 위해서 보이스의 북쪽에 있는 어느 산에 모였다. 그들은 그 도시에 복음 메시지를 협력하면서 전할 수 있도록 그들이 연합할 수 있게 도와달라고 기도했다. 그때부터, 그 목사들이 매주 모이기를 계속하고 있고, 또한 연차 기도회(annual prayer summit)를 개최하려고 계획하고 있다. 한편 그들은 다른 기도 지도자들과 연합하여, 그 도시를 위해서 계속적으로 중보기도하는 280명의 기도용사들의 조직망을 형성했다.

그러는 동안에, 루이스팔라우(Luis Palau)와 함께 하는 트레저밸리 축제(Treasure Valley Festival)가 계획되었다. 이 축제에는 남녀 사업가들과 많은 다른 교회의 목사들과 대표들로 형성된 큰 그룹이 포함되었다. 기도집회들, 기도걷기(prayer walking)들, 상담자훈련과정들, 청소년집회들, 그리고 다른 모든 행사들이 그 주말 행사를 준비하는 데 도움을 주었다.

370개 이상의 트레저밸리 소재 교회들이 이 축제에 참여했는데, 이것은 아이다호 주에서 열린 가장 큰 크리스천 집회였다. 십만 명 이상의 사람들이 왔다. 그리스도를 받아들이는 방법을 설명하는 소책자가 4,500부 정도 나갔는데, 1,200명의 사람들이 그리스도를 받아들이기로 결정했다. 많은 다른 교회들에서 온 수백 명의 자원봉사자들이 상담, 장비설치 및 해체, 어린이들과 청소년 구역에서 기도하며 돕는 일들을 하며 옆에서 지원했다.

이러한 협력활동들이 보이스를 위해서 기도하는 사람들을 격려했으며, 교회연합에 도움을 주었고, 정부기관과 교회의 지도자들 사이의 관계를 돈독하게 했으며, 지역교회에 수천 명의 새신자들을 보태주었다.

켄사스 주의 아칸소시티에서의 연합

미국의 심장부에 있는 켄사스 주의 아칸소시티에서 주님께서 어떻게 일하고 계시는지를 알리지 않고서는 이 섹션을 끝낼 수 없을 것 같다. 나는 이 지역에서 목회하고 가르치며 이 주를 위해서 기도하는 일에 동참하는 특권을 가졌었다. 다음은 Destiny Ministries와 Gateway Prayer House의 샌디 뉴만(Sandy Newman)과 디앤 워드(Deeann Ward)에게 과거 2년 동안에 펼쳐지기 시작했던 많은 기적적인 사건들 중의 단지 하나일 뿐인 이야기이다.

2005년 2월에 샌디와 디앤이 한 집회에 참석을 했는데, 거기에서 척 피어스(Chuck Pierce)가 이렇게 말하는 것을 들었다. "올해는 켄사스를 위한 해입니다. 회오리바람들이 불 것이며 낙태와 억울한 피흘림의 뿌리가 뽑힐 것입니다." 샌디와 디앤 모두 그 하나님의 말씀을 믿었고, 그들이 살고 있는 주를 위하여 주님과 그의 개입하심을 구하기 시작했다.

이 주(state) 내에 있었던 피흘림에 관한 예언적인 말씀을 뒤따라 시행된 광범위한 영적도해(spiritual mapping)와 연구는 켄사스의 장자권(birthright)-하나님께서 어떤 사람이나 장소에 계획하신 유산의 상속자가 되는 것-을 풀어놓는 데 매우 가치 있는 것으로 판명되었다. 그 도해(mapping)는 하나님의 계획(design)을 연구하는 것, 자연적인 법칙과 영적인 법칙을 서로 짜맞추어보는 것, 그리고 그것들을 사회의 모든 영역(arena)에 있는 문제들에 적용시켜보는 것을 포함했다. 영적도해 팀은 켄사스 주에 미국에서 가장 큰 낙태병원 중의 하나가 있었다는 것을 발견해내었다. 사실, 켄사스 주의 위치타(Wichita)는 미국의 낙태 수도(capital)로 알려져 있다.

그 팀은 또한 아메리카 토착 원주민(Native Americans)을 추방하는 데에 그 주가 했었던 역할에 초점을 맞추었다. 아칸소시티는 오클리호마(Oklahoma) 주로 쏟아 들어오는 출발점과 검문소 역할을 했던 미국 내에 있는 아홉 도시들 중의 하나였다. 4만 명이 넘는 사람들이 체로키(Cherokee)부족이 고향(home)이라고 부르는 땅을 차지하기 위해 오클라호마 주로 몰려가기 위해서 켄사스 주로 왔다. 결국 이 첫 번째 원주민 부족이 그 땅으로부터 제거되었으며, 보호구역들

(reservations)로 강제 이주되었다. 또한 그 주 전체에 걸쳐서 인디언에 대한 대학살이 있었다.

이러한 역사적인 사실들이 드러났을 때, 샌디와 디앤과 그들의 중보기도자들이 이러한 더럽힘이 일어났던 그 땅을 위하여 기도하기 시작했다. 그들은 이러한 잔학행위들에 대해서 회개하고, 하나님께 그 땅을 정결케 하고 구속해 달라고 요청했다.

주님께서 초자연적으로 역사하기 시작하셨고, 이 신자 그룹의 기도들을 응답하셨다. 그는 그들을 제이 스왈로우(Jay Swallow)를 포함한 미국의 크리스천 아메리칸 원주민 지도자들과 연결시키셨다. 드디어 역사적인 아메리칸 원주민과의 화해가 이루어지는 도중에 놀라운 일들이 일어났다.

주님께 그 주를 향한 뜻을 더 묻기 위해서 한 모임이 계획되었다. 그 모임 날짜가 다가올 때, 주님께서 샌디에게 이상한 것을 사라고 말씀하셨다. 주님께서 그녀에게, 켄사스에서 온 들소사냥꾼들이 대부분의 아메리카 원주민 들소들을 죽였으므로, 제이에게 줄 선물로 들소 한 마리를 사라고 말씀하셨다. 그 이벤트가 있기 사흘 전에, 주님께서 샌디를 어떤 들소 목장주와 연결시키셨다. 그녀는 켄사스와 미국 전체를 통하여 아메리칸 원주민들이 강탈당한 유산을 회복시키기를 계속하겠다는 마음의 표시로 제이에게 줄 들소 한 마리를 샀다.

그 들소가 제이에게 선물되었을 때, 그는 눈물을 흘리기 시작했다. 척 피어스도 이 모임 중에 있었는데, 그는 아마 이것이 우리나라가 행해왔던 치유행위들 중 최고의 것 중의 하나일 것이라고 말했다. 그는 계속해서 예언하기를 미국의 믿음의 방패 층(layer)이 회복되는 것을 목격하였고, 이것 때문에 이 땅에 임하기로 되어 있는 다음의 테러리스트 공격이 막아질 것이라고 했다. 3주 후에 우리는 미국의 여러 도시들로 향하는 비행기들 안에서 액체폭탄이 발견되었다는 소식을 듣게 되었다.

이즈음, 디앤이 교회 멤버 중 한 사람에게 그가 아칸소시티의 시의원에 출마해야 한다고 예언했다. 그는 그 다음날 나가서 입후보자 명단에 그의 이름을 올렸다. 그는 선거에서 시장으로 봉사해달라고 초청받을 정도로 높은 득표율의 표를 얻었으며, 지금은 정부기관과 다른 영적인 직위에서 그 시를 이끌고 있다.

이러한 일들과 많은 다른 사건들의 결과로, 그들의 주(state)를 위하여 기도하고 주님을 구하며 계획을 세우기 위하여, 켄사스 주 전체를 통하여 샌디와 디앤과 함께 만나는 백 명 이상의 교회 지도자들과 중보기도자들과 사역자들이 생기게 되었다. 이제 지도자들이 부흥과 변화를 위한 전략을 짜며, 그것을 믿으며, 함께 서 있다.

우리가 그의 음성을 듣고, 그가 하고 계신 것들을 보며, 그가 우리에게 할당해주신 영역들 안에서 그의 계획들을 실행에 옮기기 시작할 때, 하나님께서는 놀라운 일들을 하실 수 있으며, 하고 계시며, 하실 것이다.

만약 우리가 이런 일들을 한다면, 어떤 일들이 벌어질 것인가?

나는 우리가 생각해보아야 할 한 가지 질문을 가지고 있다. 만약 우리가 이런 일들을 한다면 어떤 일들이 벌어질 것인가? 만약 우리 모두가 우리의 분량의 한계 내에서 우리의 자리를 차지한다면, 어떤 일이 벌어질 것인가? 만약 우리 모두가 우리 가정과 동네와 학교와 일터와 사역현장과 교회와 도시와 주와 나라에서 우리의 정당한 지위를 가지고 제대로 일하기 시작한다면, 어떤 일이 벌어질 것인가? 만약 우리 모두가 "하나님과 함께 그 일에 동참하는(getting in there with God)" 진리를 받아들이기 시작하고, 우리의 한계들이 우리의 미래를 결정하지 못하게 한다면, 어떤 일이 벌어질 것인가? 만약에 우리가 신자로서 변화와 부흥의 공동목표를 가지고 연합하여 함께 일하기를 선택한다면, 무슨 일이 벌어질 것인가? 만약 우리가 우리의 다스리는 권세를 가지고 살아가기 시작하고, 대적을 코너로 몰아붙일 때, 무슨 일이 벌어질 것인가?

우리 모두 우리의 분량의 한계를 충성스럽게 돌보며, 우리의 영역을 배가시키고 차지해 나가는 신자들이 됩시다.

제 8 장

신자들의 권세
Authority of Believers

우리가 하나님 왕국의 후사(상속자)이기 때문에, 우리는 그의 대표자들로서 예수 그리스도의 이름으로 대적을 제압하는 권세를 행사할 수 있는 합법적인 권리를 가지고 있다. 그리고 우리에게 주어진 영역들을 다스릴(territorial) 권리들도 가지고 있다. 일반적으로 말하면, 합법적인 권세는 통상적으로 어떤 정해진 사법권을 포함하며, 그 사법권은 어떤 특정한 영역에 정의를 집행할 수 있는 능력을 함축하고 있다.

사도 바울은 우리의 지위에 대한 근거에 대해서 다음과 같이 설명하고 있다. "이러므로 우리가 그리스도를 대신하여 사신이 되어 하나님이 우리로 너희를 권면하시는 것 같이"(고후 5:20). 우리는 지상의 왕국에 대한 하늘 왕국의 사신들(ambassadors) 곧 인간으로서의 대표들이다. 이것은 우리가 지구 전 영역에 대한 그리스도의 권세를 가지고 있다는 것을 의미한다. 하나님께서는 악과 어두움의 역사들에 대항하여 싸우고 그리스도 복음의 영광스러운 메시지를 전파하기 위하여 우리를 통해 직접 일하신다.

베드로에게 주신 두 가지 계시

그리스도 안에 있는 우리의 권세에 대해서 연구하기 위해서, 예수님이 누구신지에 관한 주제를 놓고 예수님과 베드로 사이에 있었던 대화를 먼저 살펴보자.

> 예수께서 가이사랴 빌립보 지방에 이르러 제자들에게 물어 가라사대 사람들이 인자를 누구라 하느냐 가로되 더러는 세례(침례) 요한 더러는 엘리야 어떤이는 예레미야나 선지자 중의 하나라 하나이다 가라사대 너희[너희 스스로]는 나를 누구라 하느냐 시몬 베드로가 대답하여 가로되 주는 그리스도시요 살아계신 하나님의 아들이시니이다 예수께서 대답하여 가라사대 바요나 시몬아 네가 복[행복, 행운, 부러움을 받는 것]이 있도다 이를 네게 알게 한 이는 혈육[사람]이 아니요 하늘에 계신 내 아버지시니라 또 내가 네게 이르노니 너는 베드로[헬라어로 페트로스(petros): 큰 바위 조각(a large piece of rock)]라 내가 이 반석[헬라어로 페트라(petra): 지브롤타(Gibraltar)같은 큰 암석(a hugh rock)] 위에 내 교회를 세우리니 음부의 권세[지옥의 권세]가 이기지 못하리라[혹은 그것에 손상을 입힐 정도로 강하지 못하리라 혹은 그것에 저항

하여 오래 견디지 못하리라] 내가 천국 열쇠를 네게 주리니 네가 땅에서 무엇이든지 매면[부적당하다거나 불법이라고 선언하면] 하늘에서도 매일 것이요 네가 땅에서 무엇이든지 풀면[합법이라고 선언하면] 하늘에서도 풀리리라 하시고(마 16:13-19)

여기에서 우리는 그리스도의 몸의 핵심 신앙고백을 보는데, 그것은 예수님은 그리스도시요 살아계신 하나님의 아들이시라는 선언이다. 예수님께서 베드로를 칭찬하셨는데, 그것은 오로지 하늘에 계신 우리 아버지께로서만 올 수 있는 영적인 계시였기 때문이었다.

그 다음에 예수님께서 시몬 베드로에게 그 자신의 것으로서 놀라운 선언을 하셨다. "또 내가 네게 이르노니 너는 베드로라 내가 이 반석 위에 내 교회를 세우리니"(18절). 나는 이 구절에 대한 Amplified Bible(해설 성경)의 번역을 좋아하는데, 그 번역이 예수님께서 말씀하시고자 하는 것을 분명하게 설명해주고 있기 때문이다. 이 왕국 신앙고백을 한 첫 번째 사람인 시몬 베드로는 하나님께서 그 위에 무엇을 세우실만한 큰 바위같이 그를 사용하실 것이라는 약속을 받은 첫 번째 사람이었다.

그 후에 국면이 훨씬 더 나아지고 있다. 예수님께서는 이 진리를 선포하는 하나님의 왕국을 대표하는 다른 신자들도 베드로와 같은 약속을 받을 것이라고 말씀하셨다. 이 그리스도의 몸이 함께 지브롤타와 같은 큰 반석(a hugh rock, petra)을 이루고, 주님께서 그 거대한 바위 위에 그의 교회를 세울 것이었다. 이 반석은 무엇인가? 그것은 예수님이 그리스도시요, 살아계신 하나님의 아들이시라는 계시요 고백이요 선언이다. 우리가 앞의 4장에서 예수님께서 십자가에서 그의 영을 포기하실 때 어떻게 그 바위들이 터졌는지에 대해서 논의했던 것을 기억하라. 그는 새로운 왕이요, 새로운 정부요, 새로운 기초이다. 그는 우리 구원의 반석이시다.

이제 우리는, 예수님께서 하신 다음의 몇 가지 말씀들 안에서, 교회에 대하여 하신 그의 선언 바로 다음에 교회가 행사해야 할 권세의 지위에 대해서 초점을 맞추고 있다는 것을 알게 될 것이다. 다시 그의 말씀을 살펴보자.

> 음부의 권세[지옥의 권세]가 이기지 못하리라[혹은 그것에 손상을 입힐 정도로 강하지 못하리라 혹은 그것에 저항하여 오래 견디지 못하리라] 내가 천국 열쇠를 네게 주리니 네가 땅에서 무엇이든지 매면[부적당하다거나 불법이라고 선언하면] 하늘에서도 매일 것이요 네가 땅에서 무엇이든지 풀면[합법이라고 선언하면] 하늘에서도 풀리리라 하시고(18-19절)

나는 이 구절을 읽을 때, 경외감과 뜨거운 흥분이 내 영 속에서 일어나는 것을 느꼈다. 여기에 우리의 대사로서의, 왕으로서의, 제사장으로서의 권세가 드러난다. 여기에 등장하는 열쇠에 대한 몇 가지 다른 의미들과 그 중요성에 대해서 연구해보자. 나는 다음 섹션을 위해서 사용된 많은 연구자료들을 구체화시키는데, Theological

Dictionary of the New Testament(신약신학사전, Eerdmans, 1964-1976)의 도움을 많이 받았다.

열쇠를 가진 자들

우리 연구와 연관된 권세의 첫 번째 열쇠는 천국의 열쇠이다. 고대 세계와 우리 현대세계의 어떤 지역에서는 천국은 문들로 닫혀져 있고, 특정한 신들이나 천사들이 그 열쇠들을 가지고 있다고 믿었다. 예를 들어, 바빌로니아의 그림들에는 샤마시(Shamash)가 그의 왼손에 천국의 열쇠를 가지고 있다. 이탈리아에서는, 야누스(Janus)가 그 열쇠를 가지고 있다. 로마문화에서 활발했던 신비종교인 미드라임(Mithraim)에서는, 크로노스(Kronos)가 그 열쇠를 가지고 있다. 후기 유대교에서는 미가엘 천사장이 그 열쇠들을 가진 자로 불리었다.

예수님께서 "내가 참으로 너희에게 이르노니 엘리야 시대에 **하늘이 세 해 여섯 달을 닫히어** 온 땅에 큰 흉년이 들었을 때에 이스라엘에 많은 과부가 있었으되"(눅 4:25, 강조가 더해짐)라고 말씀하셨을 때, 이 천국의 열쇠에 대해서 암시하셨다. 하늘이 닫혔다는 것에 대한 일반적인 믿음은 비를 내리는 문이 닫혀졌고 하나님만이 가지고 계신 열쇠로 잠겨 있다는 것이었다. 그가 언제 비를 내려 축복을 주고, 언제 비가 내리지 않게 하실 것인지를 선택하신다. 요한계시록의 재미

있는 한 구절은 하나님께서 어느 날 이러한 열쇠들을 그의 메신저들인 마지막 때의 두 증인에게 맡기실 것이라는 것을 우리에게 알려주고 있다. "저희가 권세를 가지고 하늘을 닫아 그 예언을 하는 날 동안 비오지 못하게 하고"(계 11:6).

권세의 열쇠에 대한 또 다른 통상적인 관념은 지하세계(the underworld)인 하데스(Hades)가 빗장을 지르도록 된 문들로 되어 있다는 것이다. 그 열쇠를 가진 자는 누구든지 그 지하세계의 권세를 갖게 된다. 바빌로니아 사람들에게는, 네두(Nedu)가 그 지하세계의 수문장이고 그 자물쇠를 호위하고 있는 자였다. 미드라임에서는 크로노스가 그 열쇠를 가지고 있다. 마술문학에서는 아누비스(Anubis)가 이 역할을 하고 있다. 유대전통은 마지막 지옥의 4만개 문들의 열쇠들이 하나님의 손에 있다고 가르쳤다.

물론 우리는 예수님께서 사망과 음부(Hades)의 권세를 이기셨다는 것을 알고 있다. "두려워 말라 나는 처음이요 나중이니 곧 산 자라 내가 전에 죽었었노라 볼찌어다 이제 세세토록 살아있어 사망과 음부의 열쇠를 가졌노니"(계 1:17-18). 사망과 음부는 그 열쇠들을 소유할 권세를 잃어버렸다. 예수님께서 지금 그 열쇠들과 사망과 음부를 이길 힘과 권세를 그것들과 함께 가지고 계신다.

요한계시록 3장 7절에서 우리는 예수님이 다윗의 후손(offshoot)으로서 그 다윗계보의 열쇠를 가지고 있다는 것을 알 수 있다. "거룩하고 진실하사 다윗의 열쇠를 가지신 이 곧 열면 닫을 사람이 없고 닫으면 열 사람이 없는 그이가 가라사대." 만왕의 왕으로서, 그리스도께서 영원한 왕국과 거기에 있는 영원한 생명에 대한 열쇠를 가지고 계시다. 그의 주권은 제한이 없고, 그의 통치(rule)는 **모든** 힘들(powers)과 권세들(authorities)과 왕국들(dominions)에까지 미친다.

예수님께서는 그들의 거짓증거에 관해서 바리새인들과 마주하셨을 때 권세에 대한 또 다른 하나의 열쇠를 말씀하셨는데, 그것은 지식의 열쇠였다. "화 있을진저 너희 율법사여 너희가 지식의 열쇠를 가져가고 너희도 들어가지 않고 또 들어가고자 하는 자도 막았느니라 하시니라"(눅 11:52). 이 열쇠가 구원과 하나님의 왕국에 대한 계시로 이끄는 지식이나 이해의 문을 연다. 하나님 말씀의 진리에는 능력이 있다. 이러한 진리가 감추어져 있고 지식의 문이 닫혀 있을 때, 영혼들이 구원을 얻지 못한다. 하지만 복음 메시지의 진리가 선포될 때, 많은 사람들이 열려져 있는 구원의 문을 통하여 하나님의 왕국 안으로 걸어 들어갈 것이다.

이것이 우리를 베드로와 교회 안에 있는 우리 모두에게 약속된 하나님의 왕국의 열쇠들로 인도한다. 우리는 권세의 열쇠가 문들을 여는 데 사용되므로, 안에 머물러 있게 하거나 바깥으로 나가게 하는 권세를 대표한다는 것을 알고 있다. 이러한 열쇠들이 천국의 문들 그리고 하나님의 지식과 모든 하나님의 왕국을 다스리는 완전한 왕권과 주권의 통치를 의미하는 다윗의 열쇠뿐만 아니라, 사망과 음부와 어두움의 악한 책략의 문들에 있는 자물쇠를 통제한다. **왕국(Kingdom)**

이 왕의(royal) 권세(power)와 영역(dominion)과 통치(rule)를 말하는 것이라는 것을 기억하라. 그것은 통치할 수 있는 권리와 권세를 포함하는 것이다. 예수님께서 그 왕국의 열쇠들을 교회의 손 안에 두셨다.

다른 말로 하면, 우리가 지금 그 열쇠들을 가지러 나아갈 수 있고, 사용할 수 있는 권리 또한 가지고 있다는 것이다.

묶고 풀 수 있는 권세

우리에게 맡겨져 있는 그 특별한 열쇠들은 무엇인가?

우리는 전에 예수님께서 바리새인들에게 그들이 성경 가르침을 통해서 하나님의 왕국으로 이끄는 일이나 혹은 그 문을 여는 일이나 그 길을 만드는 일을 완수하지 못한 잘못을 지적하신 것에 주목해왔다. 바리새인들은 그 문을 계속 닫혀 있게 했다. 그러므로 주님께서 그 열쇠들을 베드로와 모든 믿는 자들에게 넘겨주셨다. 성경에서와 유대교 가르침에 있어서, 열쇠들을 넘겨주는 것은 전권을 갖는 자리에 임명한다는 것을 암시한다. 그러면 도대체 무엇이 우리의 특별한 지위란 말인가? 예수님께서는 그가 우리에게 묶고 풀 수 있는 권세를 주실 것이라고 말씀하셨다.

이러한 묶고 푸는 것에 대한 생각은 랍비들에 의해서 자주 사용되던 것이었다. 그들은 묶고 푸는 것을 금지하거나 허락하는 의미로 말했다. 그것은 사법적인 권세(Judicial authority)이다. 그러므로 우리는 예수님의 대리자들(representatives)로서 천국의 법정에 계류되어 있는 소송사건에 대해서 재판할 수 있는 권세를 가지고 있다. 이 일이 주님과의 파트너십과 그에 대한 순종 안에서 이루어진다.

크리스천으로서 우리는 하나님께 무엇을 하시라고 말할 수 있는 합법적인 권리를 가지고 있지는 않지만, 주님께서 우리에게 금하라고 지시하신 것을 금하고 그가 우리를 자유하게 하시기 위하여 예정(design)하신 것을 풀어내고 환영하는 합법적인 권리(right)와 권세(authority)와 능력(power)을 가지고 있다. 다른 말로 하자면, 우리가 하늘에서 이미 유죄판결을 받고 금지된 것을 지상에서 금지하고, 하늘에서 옳은 것으로 인정되어 허락된 것을 지상에서 허용할 권리를 가지고 있다는 것이다. 당신은 당신과 내가 아침에 침대에서 일어날 때, 우리의 대적과 어두움의 권세들이 주목하고 주의하는 것을 아는가? 그들은 **'오, 안 돼! 그들이 오늘은 무엇을 가지고 우리에게 해를 가할꼬?'** 라고 생각하며 경계하고 있을 것이다.

또 한 가지 우리를 흥분시키는 소식은 우리가 우리에게 말씀하시고 기록된 하나님의 말씀을 깨닫게 해주시는 성령님의 능력을 통하여 주님께서 주시는 일상의 지시(direction)를 받고 있다는 것이다. 친구여, 주님께서 이미 사단과 그의 어두움의 군대에게 최후의 심판을 선언하셨다는 것을 알라. 아직 그들이 투옥 선고를 받고 영원한 무저갱에 던져지는 날을 맞지는 않았지만, 이미 그들은 십자가에서 패퇴하였다. 그들은 더 이상 권세의 열쇠들을 가지고 있지 않다. 예수님을 통하여 하나님의 왕국이 우리 개인의 삶과 피조세계 안에서 회복되어 가고 있다.

우리가 그 열쇠들을 가지신 분인 예수님으로부터 지시를 받을 때, 우리는 그의 왕국 대사들로서 그를 위하여 지상에 서서 그의 계획들을 집행할 사법권을 가지고 있다. 우리가 이것에 대하여 다음 장에서 좀 더 깊이 논의하겠지만, 이 주제는 여기에서도 반복하고 싶을 정도로 매우 중요하다. 우리가 가질 효력(effectiveness)의 열쇠는 주님 앞에서 겸손히 행하고, 하나님 아버지께서 하고 계시는 것을 우리가 보는 대로 행하기를 순종하는 데에 있다. 우리의 왕국계획들이 그때의 그의 계획들과 일치할 때, 그때에 우리가 변화의 영향력을 미칠 수 있는 권세를 가지게 된다. 반면에 만약 우리가 우리 스스로의 사역들(agendas)을 계획해놓고 하나님께 단지 그 위에 축복하시기만을 구할 때, 지속되는 열매는 없을 것이다. 예수님께 지시하는 것이 우리의 일이 아니고, 우리의 일은 그의 보좌 방에서 스케치된 청사진을 우리에게 주시도록 그를 바라보는 것이다. 우리가 그의 왕국 계획에 복종하고, 그것을 따르고 세워나갈 때, 우리의 사역은 효과가 있을 것이다. 변화(change)와 변혁(transformation)과 부흥(revival)이 따를 것이다.

성벽의 파수꾼들

이제 우리는 우리를 위한 하늘의 패턴을 본대로 지상에서 묶거나 풀 수 있는 권세를 가지고 있다는 것을 알고 있다. 주님께서는 우리가 대적에게 넘겨준 모든 것과 그가 우리에게서 훔쳐간 모든 것을 우리가 되찾기를 원하신다. 어떻게 우리가 이 과업을 수행할 수 있는가? 그것은 우리가 이 땅의 파수꾼과 문지기(gatekeepers)처럼 행함을 통해서이다.

성경시대에 파수꾼은 예루살렘 성벽 위에 서 있거나 혹은 망루(watchtower)에서 도성을 향해서 어떤 무엇이 다가오지 않는지를 감시하는 사람이었다. **파수꾼(watchman)**에 해당하는 히브리어는 **소페(sophe)**이다. 이 단어는 "망보기, 경계, 보초, 감시, 방비, 보호, 안전, 방패, 영역을 지키는 자나 감옥지기"로 번역된다. 이 사람이 다가오는 것을 보는 모든 것은 좋은 것이든지 나쁜 것이든지를 막론하고 다 보고되어야 한다. 위험이 다가오는 것을 경고하는 것이 그의 가장 중요한 임무일 것은 당연하다. 파수꾼은 도성을 향해서 다가올지도 모르는 어떠한 적대세력에 대해서 경계심을 갖고 깨어있어야 하는데, 특히 밤에 그렇게 해야 한다. 왜냐하면 밤 시간대가 공격하기에 가장 좋은 때일 것이기 때문이다.

우리도 우리 통치영역의 파수꾼들이다. 우리는 경계태세에 있어야 하며, 우리의 개인적인 삶에나 우리 지역에 무엇이 다가오고 있는지 그것이 출입문에 도달하기 전에 알아차려야 한다. 우리를 위하여 성벽에 서 있는 것이 우리의 영적인 자세이며, 우리 주위의 영적인 활동을 드러내시는 분은 성령님이시다.

나는 최근에 한 기도 모임을 인도하고 있었다. 우리가 기도하고 있을 때, 주님께서 내게 교회에 대한 한 환상을 보이셨다. 나는 완전한 형태로 도열한 한 군대를 보았다. 그 군인들은 갑주를 입고 있었으며, 편안하게 서 있었다. 그들은 그냥 거기에 서 있었다. 그들은 도열된 상태였지만, 움직이고 있거나 경계태세에 있지는 않았다. 그것은 마치 그 군대의 군인들이 그들이 거기에 있어야 마땅하다는 것을 알기 때문에 도열해 있기는 하지만, 그 일에 수동적이며 그들의 임무를 완수하지 않고 있는 것 같이 보였다.

그때 갑자기 나는 한 하늘의 명령을 들었다. **차렷(Attention)!** 그 명령이 떨어지자, 그 대열에 있던 모든 군인들이 날쌔게 차렷 자세를 취했다. 그 명령이 그 군대를 깨웠고 정신을 차리게 했다. 그 명령은 그들이 경계상태에 들어가고, 그들에게 주어진 명령들과 임무들을 수행할 준비를 하도록 그들의 정신(spirits)을 깨우는 것 같았다. 나는 주님께서 다음과 같이 말씀하시는 것을 들었다. **이제는 정신을 차리고, 단지 그 자리에 서 있는 상태로부터 깨어나, 왕 앞에 차렷 자세를 취할 때이다. 지금이 권세를 가지고 굳게 서서, 너의 임무들에 관해서 듣고 그것들을 받들어 전진할 때이다.**

주님께서 이러한 환상 가운데 내게 말씀하고 계실 때, 우리와 함께 기도하고 있던 사람들 중의 하나가 에스겔서의 다음의 말씀들을 읽기 시작했다.

여호와의 말씀이 내게 임하여 가라사대 인자야 너는 네 민족에게 고하여 이르라 가령 내가 칼을 한 땅에 임하게 한다 하자 그 땅 백성이 자기 중에 하나를 택하여 파숫군을 삼은 그 사람이 칼이 그 땅에 임함을 보고 나팔을 불어 백성에게 경고하되 나팔 소리를 듣고도 경비를 하지 아니하므로 그 임하는 칼에 제함을 당하면 그 피가 자기의 머리로 돌아갈 것이라 그가 경비를 하였던들 자기 생명을 보전하였을 것이나 나팔 소리를 듣고도 경비를 하지 아니하였으니 그 피가 자기에게로 돌아가리라 그러나 파숫군이 칼이 임함을 보고도 나팔을 불지 아니하여 백성에게 경고치 아니하므로 그 중에 한 사람이 그 임하는 칼에 제함을 당하면 그는 자기 죄악 중에서 제한바 되려니와 그 죄를 내가 파숫군의 손에서 찾으리라 인자야 내가 너로 이스라엘 족속의 파숫군을 삼음이 이와 같으니라 그런즉 너는 내 입의 말을 듣고 나를 대신하여 그들에게 경고할지어다 가령 내가 악인에게 이르기를 악인아 너는 정녕 죽으리라 하였다하자 네가 그 악인에게 말로 경고하여 그 길에서 떠나게 아니하면 그 악인은 자기 죄악 중에서 죽으려니와 내가 그 피를 네 손에서 찾으리라 그러나 너는 악인에게 경고하여 돌이켜 그 길에서 떠나라고 하되 그가 돌이켜 그 길에서 떠나지 아니하면 그는 자기 죄악 중에서 죽으려니와 너는 네 생명을 보전하리라

그런즉 인자야 너는 이스라엘 족속에게 이르기를 너희가 말하여

이르되 우리의 허물과 죄가 이미 우리에게 있어 우리로 그 중에서 쇠패하게 하니 어찌 능히 살리요 하거니와 주 여호와의 말씀에 나의 삶을 두고 맹세하노니 나는 악인의 죽는 것을 기뻐하지 아니하고 악인이 그 길에서 돌이켜 떠나서 사는 것을 기뻐하노라 이스라엘 족속아 돌이키고 돌이키라 너희 악한 길에서 떠나라 어찌 죽고자 하느냐 하셨다 하라 (겔 33:1-11)

주님께서는 우리 각 사람에게 파수할 책임과 무엇이 접근하고 있는지를 살피기 위하여 성벽 위에 서 있으며 그 상황을 알리고 나팔을 불어야 할 임무를 주셨다. 우리가 성벽 위에 서 파수하며 주님의 음성을 들으며 기도의 자리에 서 있을 때, 우리는 그의 지시들과 명령들을 알리며 공표할 수 있다. 우리는 대적의 존재를 드러내고 주님의 임재를 환영할 수 있다. 우리가 우리의 영역(territory)이나 영향권(sphere of influence)에 바로 자리매김하고 있을 때, 우리는 주님의 처소를 확립하며, 복음의 기쁜 소식으로 잃어버린 자들을 구할 수 있게 된다.

도성의 문지기들

파수꾼이 성벽 위에 서서 누가 다가오는 것을 볼 때, 그는 성문지기에게 알린다. "파수꾼이 본즉 한 사람이 또 달음질하는지라 문지기에게 외쳐 이르되 보라 한 사람이 또 혼자 달음질한다 하니"(삼하 18:26).

문지기는 성문을 돌보고 지키는 사람이다. 그는 성벽을 통하여 지나가는 통행을 통제하는 권세를 가지고 있다. 만약 그가 문을 열지 않으면, 도성으로 들어오는 것이 허락되지 않는 것이다. 만약 그가 문을 열면, 들어오는 것이 허락되는 것이다. 성경시대에는 문지기들이 성전관리들인 레위사람들이었다. 그들은 도성과 개인의 집들 모두를 지키는 자들이었다.

예수님의 비유 중의 하나에, 수위 혹은 문지기를 파수의 책임도 있는 사람으로서 묘사하고 있다. "가령 사람이 집을 떠나 타국으로 갈 때에 그 종들에게 권한을 주어 각각 사무를 맡기며 문지기에게 깨어 있으라 명함과 같으니"(막 13:34). 다음은 파수꾼과 문지기가 한 도성에서 함께 일하는 것의 한 예이다.

집행하는 권세

우리는 휴스턴(Houston)이라는 도시에 살고 있다. 나는 그 도시의 높은 범죄율에 관해서 중보기도하는 그 도시의 중보기도자들의 연합회에 참여하고 있었다. 우리가 함께 기도하였는데, 그 도시의 범죄가 줄어들고 있다는 소식을 듣게 되었다. 실제로 범죄율이 너무나 극적으로 떨어졌기 때문에, 언론매체가 경찰부서를 인터뷰할 정도였다. 여러 다른 도시의 경찰서 대표들이 그 성공적인 계획들과 전략들을 그들의 도시에 시행하려고 휴스턴 경찰서로 배우러 왔다. 흥미로웠던 일은 휴스턴 경찰서가 그 감소된 범죄율에 대한 이유에 대해서 가르쳐줄 수 없었다는 것이었는데, 그 이유는 사실 그들이 어떠한 새로운 범죄예방계획도 실행하지 않았었기 때문이었다. 그들은 이러한 감소가 일어난 것에 대해서 감사했지만, 왜 그 일이 일어났는지에 대해서는 설명할 수 없었다.

그런데 기도하고 있던 우리는 그 해답을 알고 있었다! 우리는 불법과 사망 그리고 의와 복종에 대한 의식이 희미해지는 것에 대항해서, 우리의 분량의 한계 내에 있는 권세를 동원해서 기도하고 있었다. 우리의 기도는 하늘로 받들어 올려지고 있었으며, 대적의 손은 약해지고 있었다. 우리는 의기양양하였고 믿음으로 충만하였다.

그러던 어느 날, 연쇄살인범이 도망쳐서 휴스턴의 거리를 배회하고 있다는 소식이 뉴스를 통해 흘러나왔다. 그는 벌써 세 명의 여자를 죽였고, 경찰은 사건의 실마리를 찾고 있었다. 일주일이 채 안 되어서, 그 살인범이 다시 공격을 가해서 네 번째 희생자를 난폭하게 살인했다는 뉴스가 방송되었다. 두려움(fear)과 죽음(death)과 불법(lawlessness)의 기운이 그 도시를 사로잡고 있었다.

이틀이 못되어서, 경찰이 저녁뉴스에 나와서 지역 커뮤니티에게 어떤 실마리들을 제보해달라고 요청했다. 경찰은 범인이 다시 살인을 준비하고 있을 것으로 염려하고 있었으나, 그의 행방에 대해서는 아무런 단서를 가지고 있지 못했다. 그들은 그 도시의 시민들에게 주의

할 것과 밤에 혼자 바깥에 나가지 말도록 촉구하고 있었다. 모두 문과 창문들을 계속 잠그고 있도록 지시를 받았다. 이 보도는 우리의 정기 기도모임시간과 같은 저녁시간에 나왔다. 우리는 그 도시의 폭력의 영에 대항해서 서 있던 자들로서 싸우지도 않고 그냥 엎드려 두려움과 죽음과 불법이 그 도시에 들어오게 할 수는 없었다.

그날 저녁에 기도할 때, 우리는 주님께 그 도시를 덮고 있는 어두움의 세력들과 싸울 군대천사들을 보내주실 것을 요청했다. 우리는 그 남자가 잡힐 것이라는 믿음 위에 굳건히 서 있었다. 우리는 살인과 불법이 그날 저녁에 끝이 날 것이라고 선포(decree)했다. 우리는 그 남자를 잡는 데 필요한 단서들이 경찰에 주어질 것을 선언(declare)했다. 우리는 두려움과 죽음과 불법이 이 도시에서 떠나가도록 예수님의 이름으로 명령(command)하고, 그 도시로 마귀의 영들이 들어오지 못하도록 그 도시 위에 있는 마귀의 영적인 출입문(gate)을 닫았다. 그곳은 우리의 통치영역이었으므로, 우리가 파수꾼들과 문지기들이 되었다. 우리는 우리 손 안에 있는 왕국의 열쇠들과 우리의 영역(realm) 안에서의 합법적인 왕국권세를 가지고 있는 왕국대사들로서 정당한 입장을 취했다.

우리는 10시 정각 뉴스를 시청할 수 있는 시간에 집에 도착했다. 뉴스가 시작되었을 때, 실황중계원의 입에서 나온 첫 번째 말이 그날 저녁에 연쇄살인범이 잡혔다는 것이었다. 경찰이 한 여자로부터 이웃에 이상한 행동을 하는 남자가 있다고 신고하는 전화를 받았다. 경찰은 신속히 대응했고, 다섯 번째 희생자를 만들기 몇 분 전에 그 남자를 잡았다.

나는 기쁨에 넘쳐서 소리 지르기 시작했고, 다른 교회멤버들도 같은 보도를 접하였으므로 우리 전화기가 울리기 시작했다. 우리가 살인과 공포와 죽음에 대항해서 중보기도하면서 싸우고, 그 범인이 잡힐 것을 선포하고 있었던 바로 그 시간에 그렇게 되었다. 그 사건이 우리가 기도하고 있던 바로 그 시간대에 풀려지고 있었다. 알다시피, 우리가 우리의 통치영역과 분량의 한계와 권세범위 안에서 파수꾼과 문지기로서 굳게 서 있을 때, 대적은 저지될 수 있으며 더 이상 진지를 구축할 수 없게 된다.

이보다 더 큰 일

그런데 우리 중 어떤 사람들은 아직도 하나님의 아들과 딸로서 우리에게 주어진 권세에 대해서 회의적인 느낌을 가지고 있을지도 모른다. 하지만 그 문제에 대한 진실된 답은 우리가 그가 한 것보다 훨씬 더 큰 일을 할 것이라고 예수님께서 말씀하신 것이다. "내가 진실로 진실로 너희에게 이르노니 나를 믿는 자는 나의 하는 일을 저도 할 것이요 또한 이보다 큰 것도 하리니 이는 내가 아버지께로 감이니라"(요 14:12).

얼마나 믿기 어려울 정도로 놀라운 주님의 약속인가! 예수님께서 보좌 그리고 하나님 아버지의 우편에 오르셨을 때, 성령님을 우리에게 보내주셨다. 신자로서 우리는 하나님 왕국의 일을 하도록 능력이 부어져 있다. 우리의 왕으로부터 명령을 받는 즉시에, 우리는 그 명령을 우리 개인의 삶과, 다른 사람들의 삶과, 우리의 분량의 한계와, 피조세계, 그리고 어두움의 군대에 대항하는 영적인 통치영역 안에서 집행할 사법적인 권리와 힘을 갖게 된다.

나는 바울이 신자들에 관해서 우리에게 주었던 강력한 계시로 이 장을 마치고 싶다.

> [내가 항상 하나님께 기도하기는]우리 주 예수 그리스도의 하나님 영광의 아버지께서 지혜와 계시[신비와 비밀에 속한 것에 대한 통찰]의 정신을 너희에게 주사 하나님을 [깊이 친밀하게] 알게 하시고 너희 마음눈을 밝히사 그의 부르심의 소망이 무엇이며 성도[그의 분리된 자들] 안에서 그 기업의 영광의 풍성이 무엇이며 그의 힘의 강력으로 역사하심을 따라 믿는 우리에게 베푸신 능력의 지극히 크심이 어떤 것을 너희로 알게[이해하게] 하시기를 구하노라 그 능력이 그리스도 안에서 역사하사 죽은 자들 가운데서 다시 살리시고 하늘[처소들]에서 자기[자신]의 오른 편에 앉히사 모든 정사와 권세와 능력과 주관하는 자와 이 세상뿐 아니라 오는 세상에 일컫는 모든 이름 위에[수여될 수 있는 모든 직위 위에] 뛰어나게 하시고 또 만물을 그 발 아래 복종하게 하시고 그를 만물 위에 교

회의 머리[교회를 통하여 집행되는 지도자로서의 지위]로 주셨느니라 교회는 그의 몸이니 만물 안에서 만물을 충만케 하시는 자의 충만이니라 [그 몸 안에 모든 것을 완성하시고, 그 자신으로 모든 곳에 있는 모든 것을 채우실 그의 충만이 거하고 있다](엡 1:17-23)

우리는 교회이고, 그의 몸이며, 모든 것(all)을 모든 것(all)으로 채우시는 그의 충만(fullness)이다. 우리에게 허용되어 있는 유산(inheritance)의 위대함과 경이로움은 헤아리기가 어렵다. 바울과 함께 우리는 주님께서 우리 각 사람에게 지혜와 계시의 영(a Spirit)을 주실 것과 우리 마음의 눈을 밝혀서 우리를 부르신 소망과 우리에게 주어져 있는 영광스러운 유산을 볼 수 있게 해 주실 것을 기도할 수 있다.

제 9 장
허락된 일을 실행하는 것
Walking in Permission

 우리는 우리의 삶과 영향권 안에서 영향력을 가지고 행하는 것의 열쇠는 무엇보다도 겸손함과 주님의 계획에 순종하는 것이라는 것을 알고 있다. 우리가 그의 목적들을 수행하기 위한 능력을 부여받기 위해서는 그의 음성과 지도를 들어야 한다. 예수님께서는 우리에게 그 길을 보여주셨다. 지상에서 사역하시는 동안, 그는 아버지께서 하시는 것을 본대로 가르치고 행하셨다. 그는 제자들에게, "내 아버지께서 이제까지 일하시니 나도 일한다 하시매 내가 진실로 진실로 너희에게 이르노니 아들이 아버지의 하시는 일을 보지 않고는 아무것도 스스로 할 수 없나니 아버지께서 행하시는 그것을 아들도 그와 같이 행하느니라"(요 5:17, 19)고 말씀하셨다. 그런데, "이제까지(to this very days)" 계속하고 계시는 아버지의 일이란 무엇인가? 그것은 피조세계를 유지하는 것이다. 예수님은 이러한 아버지의 모범에 늘 충실했다.

 우리는 예수님께서 아버지와 분리되어 독단적으로 일하지 않으셨다는 사실을 붙잡을 필요가 있다. 그는 아버지께서 먼저 그것을 하고 계시지 않다면 아무것도 할 수 없다는 것을 잘 알고 있었다. 우리는 이것을 인간관계와 비교할 수 있다. 우리 모두는 그 아버지를 닮고 그 아버지를 따라 행동하는 아들들을 많이 보아왔다. 그들은 그들에게 모델이 된 것을 모방하고 있다. 하지만 예수님께서는 그와 하나님 아버지와의 관계는 보통의 아버지/아들 관계보다는 더 높은 수준에 있다는 사실을 우리에게 알려주고 있다. 그가 그의 아버지의 행동을 모방하고 있는 동안에도, 그는 또한 그의 아버지와 일치하여 완전한 조화 가운데 일하고 있기 때문이다.

예수님께서는 하나님 아버지의 변함없는 의도와 목적을 완전하게 그리고 절대적으로 알고 있었는데, 그 이유는 바로 그것이 또한 그 자신의 의도와 목적이었기 때문이었다. 이러한 계시 가운데, 예수님께서 한 강력한 메시지를 말씀하셨는데, 그것은 그는 자신의 것으로서 아버지의 것과 다르거나, 반대가 되거나, 비협조적인 계획들이나, 이기적인 야망들이나 동기들을 가지고 있지 않다는 것이었다. 아버지께서도 그 아들의 뜻에 반하는 어떤 의지도 가지고 계시지 않다. 그분들은 그들의 본성과 계획과 목적과 행동 가운데 완전한 일치를 가지고 행하고 계신다.

예수님은 완전한 하나님이면서 또한 완전한 사람이다. 그의 인간적인 본성 가운데 그는 그의 목적의 충만 가운데서 행하는 것을 배워야 했다. 그렇게 하기 위해서, 그는 군중들로부터 떨어져 있어야 했고, 기도해야 했으며, 주님을 찾아야 했고, 그의 음성을 들어야 했으며,

그의 아버지의 계획들에 일치된 마음으로 그의 소명을 이루어나가야 했고, 그를 대적하여 획책되고 있는 대적의 계략을 극복하여야만 했다. 예수님과 그의 아버지는 피조세계 안에 하나님의 왕국을 회복하며, 재설립하고, 확장하는 일에 함께 일하셨다. 사실, 예수님께서 여기에서 설명하고 있는 것은 우리가 앞의 7장에서 논의했던 것인데, 그것은 바로 예수님께서는 그 일이 저절로 되게 내버려두지도(let go) 않았고 그 일을 하나님 혼자 알아서 하시게 하지도(let God) 않았다는 것이다. 그는 그 일에 하나님과 함께 동참해 있었다(got in there with God).

이것이 어떻게 우리에게 적용되는가?

이것은 하나님 왕국의 대사들인 우리를 위한 모델이다. 우리도 역시 허락된 일을 추진해나가야 하는데, 그것은 우리가 하나님 아버지께서 하고 계시는 것을 보는 대로 하는 것을 의미한다. 우리도 역시 성령님의 인도하심을 통하여서 우리 하나님 아버지와 완전히 조화하는 가운데 일을 수행해야만 한다. 우리의 삶과 목적과 분량의 한계 내에서 하나님의 왕국계획들과 과업들(agendas)을 수행해야 한다. 다른 말로 하자면, 우리는 우리 하나님 아버지께 우리 자신의 인간적인 욕망들이 이루어지도록 축복해달라고 요청하는 대신에, 그의 음성을 듣고 순종해야 한다는 것이다.

예수님의 추종자들인 우리는 그로 인하여 주님을 송축하게 될 것으로 확신하는 많은 생각과 욕망과 비전을 가지고 있다. 하지만 먼저 다음과 같은 사실들을 고려해보아야 한다. 주님께서 이러한 계획들을 기뻐하실 지에 관해서 우리가 충분히 기도하고 그를 찾았는가? 혹은 우리가 우리 자신의 프로그램들을 가지고 먼저 행동에 뛰어들고 나서 하나님께 그것들을 축복해달라고 요청하고 있지는 않은가? 이제야 우리가 하나님의 왕국에 관해서 생각하기를 시작할 때, 우리는 하나의 큰 그림을 보기를 시작한다는 것을 알 것이다. 우리의 관심사는 하나님의 관심사가 되며, 우리의 계획과 비전과 꿈이 그의 계획과 비전과 꿈이 되어야 한다. 이런 점에서 우리가 함께 파트너가 되는 것이다. 심지어 영적인 권세(authority)에 관해서조차도, 우리는 더 이상 거기에 어떤 돌파구(breakthrough)가 있지 않을까 기대하면서 우리의 영적인 근육들을 구부리는 습관(practice)에 잡혀있지 않을 것이다. 우리가 통치영역(dominion)에 대한 신앙고백(confession)을 했다는 것이 그 권세(authority)와 능력(power)이 풀려나오고 있다는 것을 의미하지는 않는다. 우리가 하나님과 함께 줄을 서고 그의 행군 명령에 맞추어 진군해나갈 때, 우리가 왕국권세를 가지고 행할 수 있을 것이며 어떤 돌파구와 변화를 보게 될 것이다.

3장에서 여러분에게 이야기한 성령님과 만났던 그 첫 번째 경험 이후, 나는 기도와 주님 앞에서 예배하는 일에 긴 시간을 보내기 시작했다. 나는 그를 조금이라도 더 알고 싶은 갈증을 가지고 있었다.

그 무렵 그렉과 나는 휴스턴으로 이사할 준비를 하고 있었다. 우리는 집을 알아보기 위한 여행길에 타운에 도착해서 절친한 가족 친구이며 그 당시 매우 성공한 부동산 소개업자였던 앨리스 스미스를 만났다. 그때 앨리스는 우리가 수천 명을 수용할 수 있는 컨벤션 센터인 더 서밋(the Summit)에서 그날 밤에 있을 어떤 큰 집회에 참석할 수 있기를 기도해왔다고 말해주었다. 그 집회에 세계적으로 유명한 한 전도자가 설교하기로 되어 있었다. 우리는 그 사실을 알고 매우 흥분하였는데, 그 이유는 그 전도자가 그동안 나의 삶을 기적적으로 변화시키는 도약대(springboard)가 되었던 기도에 관한 책의 저자였기 때문이었다.

앨리스는 그렉과 내가 이러한 집회에는 한 번도 참석한 적이 없다는 것을 알고 있었다. 그녀는 그 전날 밤에 있었던 예배가 얼마나 강력하였는지에 대해서 말해주었다. 이제 모든 의심을 내려놓고 하나님을 신뢰할 때가 되었다고 그녀는 말했다. 우리 두 사람 모두 거기에 도착하기도 전에 이미 곧 시작될 예배에 대한 기대로 가득 차 있었다.

예배인도자와 성가대가 우리를 주님께 대한 경배찬양들로 이끌어갈 때, 12주 전쯤부터 내게 그렇게도 달콤하고 실제적이었던 주님의 임재가 그 컨벤션 센터에 가득 차 오르기 시작했다. 그것은 강력하고 보배로운 임재였다. 오, 얼마나 놀라운 주님을 높이는 기름부음의 시간이었는지! 설교자는 강력한 메시지를 전했으며, 많은 사람들이 기도를 받으러 앞으로 나왔고 치유를 얻었다.

그 설교자가 예배를 마무리하면서 말하기를, 주님께서 그에게 하나님의 임재를 더 원하는 사람들을 위해서 "분여(impartation)"의 기도를 하도록 인도하시는 것을 느낀다고 했다. 그리고 다음의 지침을 주었다. "여러분 중에서 이것을 받기를 원하는 분들은 손을 들고 받을 준비를 하세요." 나는 조금도 망설이지 않고 주님으로부터 그것을 받기 위해서 손을 들었다. 내가 이렇게 하자마자, 나는 성령님의 만지심으로 인해 떨기 시작했다.

앨리스가 무슨 일이 일어나고 있는지 눈치를 채고, 급히 내 옆으로 다가왔다. "베카, 너 치유가 필요하니?"라고 그녀가 물었다.

나는 아니라고 했다.

"그럼, 이는 명백히 주님이셔. 우리는 이에 따를 거야."라고 그녀가 말했다. 내게도 아무런 이의가 없었다.

그 사역자는 기름부으심을 나누어주기 위하여 청중을 향하여 그의 두 손을 뻗고, "받으라, 받으라, 받으라!"하며 세 번 외쳤다. 그런데, 단지 내가 말할 수 있는 것은 그가 이 말을 외칠 때마다, 마치 내 몸에 번개가 내리치는 것 같은 느낌을 받았다는 것이다. 우리가 강단으로부터 멀리 떨어져 있었는데도 마치 무대 위에 있는 것 같았다. 세 번째 명령에, 나는 마룻바닥에 뒤로 자빠졌고, 즉각적으로 성령 안으로 휩쓸려 들어갔다.

나는 더 이상 나의 육체적인 상태에 대해서는 아무것도 알지 못했다. 내가 마루 위에 누워있다는 것을 전혀 깨닫지 못했는데, 설사 알았다고 하더라도 신경 쓰지 않았을 것이다. 성령 안에서 나는 하나님의 보좌로 이끌려갔으며, 예수님과 우리 하나님 아버지의 발아래 얼굴을 땅에 대고 누워있었다. 그 임재는 영광스러웠으며 경이로웠다. 나는 그분들의 발을 볼 수 없었으나, 그분들의 임재가 너무나 거룩하여 얼굴을 땅에 댄 채 그대로 있었으며 감히 움직일 엄두도 내지 못했다.

내가 그때 느꼈던 것은 말로 표현하기가 어렵다. 그것은 그동안 내가 갈망해왔던 모든 것이었다. 나는 예수님의 발아래 누워 눈물을 흘리며 흐느껴 울었고, "주님, 이것이 제 평생에 원해왔던 모든 것입니다. 당신은 경이로우시며 강하시며 놀라우시고 거룩하십니다. 주님, 제발 저로 하여금 당신 곁 여기에 계속 머물게 해주십시오. 저를 돌려보내지 말아주세요."라고 애원하기 시작했다.

주님께서 대답하셨다. **베카야, 너는 돌아가야만 한다. 너에게는 남편과 딸이 있고, 앞으로 더 많은 자녀들을 가지게 될 것이다. 너는 내가 너에게 준 너의 평생의 소명을 가지고 있다. 내가 너를 나에게로 불러 내가 누구인지에 대한 실제(reality)와 계시(revelation)를 이해하도록 하기 위해서 여기 나의 보좌로 데리고 왔다. 나는 네가 하나님의 보좌를 경험해보기를 원했다. 이제 가서 너의 소명을 이루어라.**

나는 더 머물기를 원했지만, 주님께서는 그가 내게 계시해주신 다른 계획들을 가지고 계셨다. 나는 그가 내게 그 목적을 말씀해주실 때에야 비로소 주님께서 한 목적을 가지시고 내가 그 경험을 하게 하셨다는 것을 생각할 수 있었다. 그 경험은 내가 나의 왕국역할을 잘 수행할 수 있도록 준비시키려는 것이었다.

우리의 왕국역할을 발견하고 성취하는 이러한 과정을 통해서, 우리는 성령 안에서(in the Spirit) 행하는 것과 영혼 안에서(in the soul) 행하는 것과의 차이점을 깨달아야 한다. 우리가 성령 안에서 행할 때, 우리는 하나님께로부터 권한을 부여받은 허락된(in divinely authorized permission) 일을 하는 것이며 그로 인하여 사역의 열매와 영적인 추수를 보게 될 것이다. 즉, 왕국결과들(Kingdom results)을 볼 것이다. 주님의 성령께 복종하는 사람은 주님을 위한 순종과 겸손과 성결과 사랑, 서로서로를 위한 사랑, 그리고 사역의 영적인 열매로 특징지어질 것이다.

하지만 우리가 영혼 안에서 행할 때, 우리는 우리 자신의 힘을 의존하고 있는 것이며, 우리 사역에 아무 생명력이 없게 된다. 영혼의 인도를 받는 사람은 이기적인 욕망과 야심과 전통에 초점이 맞추어져 있다. 그 사람은 사람에 관한 것과 세상의 것에 관해서 생각하고 있으며, 많은 경우에 거기에는 통제(control)하려고 하는 것에 대한 이슈가 있을 것이며, 통상적으로 지속되는 영향력이 없다.

지금 아마 우리들 중의 어떤 사람들이 이것을 궁금해 하고 있을 것이다. **내가 그 시간을 100퍼센트 바로 인식할 수 있을 것인가?** 아마 아닐 것이다. 그 다음 질문은 이것이다. **만약 내가 그 시간을 놓친다**

면, 하나님께서 진노하실 것인가? 이 질문에 대한 대답도 아니오이다. 하나님께서는 마음의 동기들을 보신다. 여기에서의 우리의 포인트는 우리 모두가 주님과 함께 하는 우리의 지위, 그가 우리에게 주신 과업들과 목적들, 그리고 우리가 왕국대사로서 가지고 있는 하나님께서 부여해 주신 소명의 길에 관한 이해의 자리에 도달할 필요가 있다는 것이다. 우리 모두가 피조세계 안에서의 하나님의 왕국계획에 필요한 역할들을 감당하고 있다. 지금이, 비록 우리가 걸음마부터 시작해야 한다고 할지라도, 그 계획들을 실행에 옮기기 위하여 뛰어들 때이다. 우리는 하나님의 왕국 일정계획들을 돌보고 처리하고자 하는 일을 이제 막 시작하고 있다. 지금이 앞으로 힘차게 나아갈 때이다.

베드로와 왕국의 삶

나는 복음서에서 베드로에 관한 이야기를 읽기를 좋아한다. 왜냐하면 그가 우리에게 피조세계를 위한 예수님의 목적에 인간의 본성을 반맞추어 나가게 하는 매우 많은 예를 제공해주기 때문이다. 한때 그는 인간의 이성에 따라 말했고 인간의 감정에 따라 행동했다. 예를 들어서, 그가 예수님의 지상에서의 사역 가운데 가장 힘들었던 때에 그를 부인한 후, 치욕과 비통의 쓰라린 눈물을 흘렸다. 하지만 동시에 베드로는 예수님의 진정한 실체(identity)를 드러내었던 바로 그 사람이었다. 그는 예수님이 누구신지 이해하고 있었다. 그는 물 위를 걸었으며 변화산상에서의 예수님의 변신(the Transfiguration)을 관찰했다. 그리고 우리가 사도행전 2장을 통해서, 다락방에서 120명에게 성령이 임한 후 예수 그리스도의 복음을 선포했던 첫 번째 사람이 베드로였던 것을 알고 있다. 그때 한 번의 설교로 3,000명의 사람들이 구원을 받았다! 그때부터 그는 그의 생애 마지막까지 주님을 힘차게 따랐다.

변화산상의 경험에 대한 반응

베드로는 감정적이고, 열정적이며, 믿음이 충만한 사람인 동시에 인간적인 본성도 충만한 사람이었다. 내가 그의 생애를 연구하기를 좋아하는 까닭 중의 하나는 그가 우리와 연관시키기 쉬운 사람이기 때문이라고 생각한다. 나는 많은 경우에 있어서 나도 그와 같은 완고하고 잘못된 태도로 행동하는 것을 깨닫고서 속으로 낄낄거리며 웃을 때가 있다. 인간적인 욕망과 감정 그리고 계획에 관한 우리의 연구를 위하여, 변화산상에서의 경험에 대한 베드로의 반응을 조사해보자. 이러한 초자연적인 사건이 베드로가 예수님은 살아계신 하나님의 아들이시라는 고백을 한지 약 한 주간이 지났을 때에 일어났다는 것을 기억하라. 곧 우리는 그의 다락방에서의 경험에 대한 반응과 매우 다른 반응을 서로 비교하면서 살펴볼 것이다.

이 말씀을 하신 후 팔일쯤 되어 예수께서 베드로와 요한과 야고보를 데리시고 기도하시러 산에 올라가사 기도하실 때에 용모가 변화되고(달라지고) 그 옷이 희어져 광채가 나더라(번갯빛 같이 밝게 빛나더라) 문득 두 사람이 예수와 함께 말하니 이는 모세와 엘리야라 영광 중에 나타나서 장차 예수께서 예루살렘에서 별세하실 것을 말씀할 쎄 베드로와 및 함께 있는 자들이 곤하여 졸다가 아주 깨어 예수의 영광(광채와 위엄과 빛남)과 및 함께 선 두 사람을 보더니 두 사람이 떠날 때에 베드로가 예수께 여짜오되 주여 우리가 여기 있는 것이 좋사오니 우리가 초막 셋을 짓되 하나는 주를 위하여 하나는 모세를 위하여 하나는 엘리야를 위하여 하사이다 하되 자기의 하는 말을 자기도 알지 못하더라 이 말 할 즈음에(눅 9:28-33)

그런데, 이 변화산상에서의 경험은 기적적인 사건이었고, 여기에는 우리가 찾아낼 수 있는 많은 유익한 가르침들이 있다. 하지만 우리의 초점은 그것에 대한 베드로의 반응에 맞추어질 것이다.

예수님께서는 종종 은둔의 시간들을 찾으셨다. 그는 기도와 하나님 아버지와 함께 시간을 보낼 목적으로 산에 오르곤 했다. 겟세마네와 갈보리에서의 위기의 때가 다가올 무렵에, 그에게는 그의 사명을 완수할 힘이 필요했다. 어느 날, 그는 베드로와 야고보와 요한을 데리고 산에 올랐다. 거기에서 기도하는 동안에, 그는 우리가 나비유충이 나비가 되는 과정이라고 생각하는 변태(metamorphosis)와 비슷한 과정을 통하여 변화되었다. 그의 몸이 영광의 형체로 변화되었다. 예수님이 변화되었을 뿐만 아니라, 모세와 엘리야가 영광과 위엄 중에 나타났고, 예수님과 함께 그의 임박한 십자가에 못 박힐 일과 별세에 대해서 이야기를 나누었다. 우리가 전에도 주목했듯이, 모세는 옛 언약을 대표하고 엘리야는 새 언약을 대표하는 선지자의 목소리였다. 그들의 출현은 예수님이 진정한 메시아라는 것을 증거하는 것이었다.

베드로와 야고보와 요한이 잠에서 깨어났을 때, 이 장면을 목격하게 되었다. 왜 그들이 이때 예수님과 함께 있도록 선택되었을까? 그것은 아마도 그들이 더 영적으로 앞서 있었기 때문에, 혹은 아마도 그들이 영적인 교훈들을 배울 필요가 있었기 때문에, 혹은 아마도 앞날에 그들이 당하게 될 곤경에 대처하기 위하여 그들의 믿음이 강화될 필요가 있었기 때문이 아닌가 싶다. 확실한 한 가지는 그들이 예수님을 따르고 그의 믿기 어려운 가르침들과 기적들과 사랑을 직접 목격하는 지금까지 아무도 갖지 못했던 특권을 가졌던 평범하고 교육을 받지 못한 사람들이었다는 사실이다. 이 경험이 예수님이 그리스도라는 베드로의 고백의 진리를 확고히 하였을 것은 미루어 짐작할 수 있다.

나는 이 사람들이 그들이 본 것에 압도되었을 것이라고 상상할 수 있다. 베드로가, 그 앞에 있는 세 사람과의 대화에 초대받지 않았음에도, 모세와 엘리야가 떠날 때에 예수님께 한 제안을 내놓으며 바로 뛰어들었다. 그는 그들의 출발을 지연시키고 싶었다. 아마 그는 이때가 메시아의 시대가 임하는 때라고 생각했을 것이다. 혹은 그가 예수님은 살아계신 하나님의 아들이라고 했던 선언에 기초하여, 드디어 그때가 "도달했다(arrived)"고 생각했을 수도 있다. 그랬음에도 불구하고, 그는 그들이 세 개의 초막이나 천막 혹은 처소를 지을 것이니 그와 두 제자들이 거기에 계속 머무는 것이 더 좋을 것이라고 불쑥 말을 꺼냈다. 베드로가 이때 마음에 품고 있었던 것은 그가 변화산상에서 느끼고 있는 그 거룩한 분위기를 유지할 수 있는 한 장소였다.

우리가 34절에서 보는 바대로, 베드로는 그가 무엇을 말하고 있는지 알지 못했다. 다른 말로 하자면, 그는 그의 인간적인 감정과 욕망에 붙잡혀 어리석은 말을 하고 있었다. 그는 성령 안에서(in the Spirit)가 아닌 그의 영혼 안에서(in his souls) 행하고 있었다. 모세와 엘리야의 놀라운 출현에 압도되어, 그는 그가 이러한 영적으로 고양된 상태에서 계속적으로 은혜를 입을 수 있도록 그들이 머물러주기를 원했다.

베드로는 사람의 전통을 마음에 품고 있었다. 그의 반응은 사람이 항상 해왔던 것을 다시 반복한 것이었다. 그는 하나님 왕국의 관점에서 생각하고 있지 않았다. 예수님은 그 왕국을 회복하고 그것을 모든 인류에게 가져다주기 위하여 거기에 계셨지만, 베드로는 예수님과 그 선지자들과 함께 그 산 정상에 계속 머무르기를 원했다.

이것은 우리가 하나님께서 초자연적으로 역사하실 때 반응하는 것과 비슷하지 않은가? 우리는 그 경험에 대한 목적을 주님께 묻는 대신에, 충동적으로 그 사건과 관련된 우리 자신의 계획과 성취일정을 만든다. 하지만 하나님의 왕국은 어떤 장소나 건물이나 거처에, 특히 인간 스스로가 만든 것에, 기초하고 있지 않다. 하나님의 왕국은 어디에나 있으며, 우리가 왕국대표로 섬기는 곳이라면 어디든지 나타나게 된다.

제자들이 예수님과 함께 가졌던 이러한 경험은 그들의 왕국역할을 위해서 그들을 준비시키는 것이었다. 나는 내게 있었던 예수님의 발 앞에서의 경험 때문에, 이 사건을 인간 본성과 욕망을 가지고 반응하는 경향과 연관시킬 수 있었다. 하나님의 더 많은 것을 추구하는 욕망은 옳은 것이고 좋은 것이다. 우리는 다른 어떤 것보다도 먼저 그의 왕국과 의를 추구해야 한다. 우리는 항상 그와 그의 초자연적인 영역에 있는 더 많은 것을 원해야 한다. 하지만 우리가 그로부터 더 많은 것을 받게 될 때, 우리의 반응이 우리 자신의 것이 아닌 하나님의 청사진 위에 세워져야 한다. 베드로와 같이 나는 그것이 모두 나에 관한 것인 줄 알았지만, 사실 그것은 모두 하나님과 그의 왕국에 관한 것이었다.

베드로는 계속 배우고 있었지만, 아직 하나님의 왕국에 대한 생각으로 연결하지는 못했다. 예수님께서 그를 따르는 자들을 성령의 불로 세례(침례)를 주던 그 다락방의 경험을 할 때까지는.

성령이 임하실 때

다락방 경험을 하기 전의 사도들의 삶을 살펴볼 때, 우리는 아직 그들이 질문을 하고, 발견하고, 배우는 과정에 있었던 것을 알게 된다. 그들은 예수님을 직접 만나본 증인들이었는데, 바로 그들이 하나님 왕국의 충만(fullness)을 대표하는(representing) 사람들이었다. 그들은 많은 초자연적인 사건들을 관찰하고 참여했지만, 그들 스스로 왕국생활(Kingdom living)을 보여주지는 못하고 있었다. 성령님께서 그들에게 임하신 후, 이 남녀의 무리들은 거룩한 담대함으로 충만하게 되었다. 하나님의 왕국에 대한 그들의 이해에 변화가 왔고, 그들은 왕국의 대사들로서의 자신들의 역할 속으로 들어갔다. 둔감하면서도 선의는 가지고 있는 너무나 인간적인 베드로도 예외는 아니었다.

사실, 우리가 베드로를 연구할 때, 그가 비록 때때로 두 걸음 앞서 가다가 한 걸음 뒤로 물러서기는 하지만, 종종 이러한 새로운 종류의 삶에 가장 먼저 뛰어들었던 첫 번째 제자였다는 것을 발견한다. 그는 예수님이 살아계신 하나님의 아들이시라는 사실을 깨달은 첫 번째였고, 물 위를 걸었던 첫 번째요 유일한 사람이었으며, 마리아가 예수님께서 죽은 자들 가운데서 부활하셨다는 소식을 전했을 때 무덤에 가장 먼저 간 제자였고, 복음을 가장 먼저 선포하였으며, 이빙인에게 설교한 첫 번째 사람이었다. 베드로는 항상 일어나고 있었던 모든 일의 최전방에 있었다.

성령님이 120문도에게 임하셨을 때, 그들은 그의 인도와 기름부으심 아래에서 행하기 시작했다. 이제 그들은 그들의 삶에 유용한 성령님의 능력을 가지게 되었다. 그들의 관심의 초점은 이해부족, 전통에 대한 맹목적인 신뢰, 이기적인 생각으로부터 영혼들을 구원하고 사회에 영향을 끼치는 왕국 사고방식으로 옮겨졌다. 이제 베드로에게는 어떤 초자연적인 경험을 저지하거나 유지하기 위하여 처소를 짓는 것과 같은 생각들은 고려해볼 가치조차 없는 것이었다. 그 대신에 그는 즉시로 복음을 선포하기 시작했다.

우리는 사도행전 10장의 이야기를 통하여 그의 변화된 성품을 보며, 사도행전 11장을 통하여 이방인들에게 구원을 가져다주기 위하여 하나님께서 어떻게 베드로를 사용하셨는가를 알게 된다. 고넬료는 가이사랴(Caesarea)라는 도시에 있는 이탈리아 연대의 백부장이었다. 성경은 그가 궁핍한 사람들에게 관대하게 베푸는, 하나님을 경외하는 사람이었다고 말하고 있다. 어느 날 오후에 그가 한 환상을 보았다.

> 하루는 제 구시쯤 되어 환상 중에 밝히 보매 하나님의 사자가 들어와 가로되 고넬료야 하니 고넬료가 주목하여 보고 두려워 가로되 주여 무슨 일이니이까 천사가 가로되 네 기도와 구제가 하나님 앞에 상달하여 기억하신 바가 되었으니 네가 지금 사람들을 욥바에 보내어 베드로라 하는 시몬을 청하라 저는 피장 시몬의 집에 우거하니 그 집은 해변에 있느니라 하더라(행 10:3-6)

말할 필요도 없이, 고넬료는 이 시몬이라는 사람을 찾기 위하여 그의 하인 둘과 그의 부하들 가운데 경건한 군인 하나를 보냈다.

그들이 여행길에 올라 그 도성에 가까이 왔을 무렵, 베드로는 기도하러 지붕 위로 올라가고 있었다. 성령님께서 그를 비몽사몽 상태에 빠지게 하셨고, 그는 한 환상을 보게 되었다. "하늘이 열리며 한 그릇이 내려오는 것을 보니 큰 보자기 같고 네 귀를 매어 땅에 드리웠더라 그 안에는 땅에 있는 각색 네 발 가진 짐승과 기는 것과 공중에 나는 것들이 있는데 또 소리가 있으되 베드로야 일어나 잡아먹으라 하거늘"(11-13절).

베드로는 이 말을 듣고 기겁을 하며 놀랐다. "주여 그럴 수 없나이다 속되고 깨끗지 아니한 물건을 내가 언제든지 먹지 아니하였삽나이다"(14절).

베드로는 성령님과 주님의 음성에 민감하였지만, 율법에 복종하는 그의 생활방식은 아직도 굳건했고, 그 명령은 그러한 생활방식에 따르고 싶은 그의 욕구에 반하는 것이었다. 그의 인간적인 생각으로는 주님께서 그에게 이것을 말씀하셨다고 믿기가 힘들었다. "또 두 번째 소리 있으되 하나님께서 깨끗케 하신 것을 네가 속되다 하지 말라 하더라 이런 일이 세 번 있은 후 그 그릇이 곧 하늘로 올리워 가니라"(15-16절).

주님께서는 베드로를 이방인들에게 구원을 가져다주는 그의 왕국 역할을 위해서 준비시키는 데 이 생생한 영상을 사용하고 계셨다. 베드로는 이 환상이 상징적이라는 것을 깨달을 만한 충분한 분별력을 가지고 있었고, 이에 그 해석을 위해서 곰곰이 생각하기 시작했다. 그 무렵 고넬료가 보낸 세 사람이 그의 집 문 앞에 서서 그를 찾고 있었다. 그때 성령님께서 베드로에게 말씀하셨다. "두 사람이 너를 찾으니 일어나 내려가 의심치 말고 함께 가라 내가 저희를 보내었느니라"(19-20절). 그 환상은 베드로가 이에 순종하게 했고, 성령님께서 한 걸음 한 걸음 그를 인도하셨다.

그 방문자들은 환영을 받으며 집으로 인도되었으며, 거기서 그들의 용무를 알렸다. 다음날 그들 모두는 욥바 사람들을 데리고 함께 가이사랴를 향해서 떠났다. 베드로는 이방인의 집에 간 것이 훗날에 문제가 될 수 있을 것을 알고 그때 그가 의지할 수 있을 증인들을 데리고 갔다.

한편 고넬료는, 유대인이 이방인과 교제하는 것이 유대법에 어긋난다는 것을 알고 있었지만, 그들이 오는 것을 고대하고 있었다. 사실 그것은 불법일 뿐만 아니라 유대인에게는 불쾌하며 혐오스러운 것이었다. 하지만 고넬료는 하나님께서 하고 계시는 놀라운 일에 동참하도록 그의 친척들과 친한 친구들을 부르러 사람을 보냈다. 베드로가 그 집에 들어갔을 때, 많은 사람들을 보았으며, 그들에게 하나님께서 더 이상 어떤 사람도 속되다고 여겨서는 안 된다고 말씀하시며 그에게 여기에 오도록 하신 것에 대해서 설명했다. 그리고 그들이 왜 그를 부르게 되었는지에 대해서 물었다.

고넬료는 그가 하나님의 천사를 만났던 일을 이야기하고, 그와 그의 가족과 친구들이 주님께서 베드로에게 그들에게 말하라고 명하신 모든 것을 듣고자 간절히 바라고 있다고 했다. 그때 베드로가 초대교회 역사에 있어서 이정표가 되는 메시지를 전했다. 이 설교는 매우 중요한데, 그것은 베드로가 그 속에서 그가 이제는 지붕 위에서 본 환상의 의미, 곧 하나님은 사람들의 외모를 보시거나 편애나 편견을 가지시는 분이 아니라는 사실에 대해서 온전히 이해했다는 것을 드러내고 있기 때문이다.

베드로가 하나님께서 그를 그들에게 예수 그리스도의 복음을 나누라고 보내셨다는 것을 알게 되었을 때, 그는 그의 목적과 분량의 한계가 유대인과 이방인 사이의 문화적인 신념, 전통, 그리고 편견들을 깨뜨리고 모든 인류가 복음의 진리를 들을 수 있는 문을 열어야 하는 것임을 깨달았다.

베드로는 주님의 위임명령(mandate) 아래서 행했고, 그의 순종 때문에 놀라운 결과들이 나타났다. 그가 설교할 때, 성령님께서 그 메시지를 듣는 모든 사람에게 임하셨다. 베드로와 함께 온 유대인 신자들은 성령의 선물이 이방인들에게 부어지는 것을 보고 깜짝 놀랐다! 이런 일이 정말 하나님의 계획 속에 있을 수 있는 것인가?! 그때 베드로가 그들의 생각을 더 혼란스럽게 하는 말을 했다. "이 사람들이 우리와 같이 성령을 받았으니 누가 능히 물로 세례(침례) 줌을 금하리요"(47절). 그는 그들이 예수 그리스도의 이름으로 세례(침례)를 받게 하라고 명했다.

그 소식이 유대 사방으로 퍼져나가는데 그리 오래 걸리지 않았다. 베드로가 거기를 떠나 예루살렘으로 돌아왔을 때, 유대 신자들이 즉시로 그를 비판하기 시작했다. 베드로는 일어났던 모든 일을 설명하며, 다음과 같은 말로 끝을 맺었다. "그런즉 하나님이 우리가 주 예수 그리스도를 믿을 때에 주신 것과 같은 선물을 저희에게도 주셨으니 내가 누구관대 하나님을 능히 막겠느냐"(행 11:17).

아무도 하나님께서 일하고 계시다는 것을 의심할 수 없었다. 그 유대 신자들은 그 일에 관해서 듣고서는 더 이상 반대하지 않았고, 이방인들에게조차도 생명에 이르는 회개를 허락하신 하나님을 찬양하기 시작했다.

얼마나 굉장한 일인가! 이 사건은 그 이후의 신자들을 통하여 초대교회와 오늘날의 세계 기독교의 면모를 바꾸었다. 우리가 우리 자신의 생각과 전통과 인간적인 욕망에 따라 행할 때, 우리는 하나님께서 설계하신 큰 그림을 놓칠 수 있다. 하지만 우리가 우리 구주와 발맞추어 걸어 나가고 성령님의 기름부으심 아래에서 행하며 그의 지도를 받아들일 때, 우리는 하나님의 왕국계획을 보고 반응할 것이며 그에 따른 변혁(transformation)이 일어날 것이다.

영향력을 미치기

우리 하나님 아버지께서는 항상 피조세계를 구속하는 그의 일에 관심이 있으시다는 것을 생각할 때 놀라게 된다. 이것은 바로 하나님의 왕국대사들인 우리를 향한 메시지이다. 우리도 역시 허락된 것을 행하고, 아버지께서 하시는 것을 보는 대로 일해야 한다. 다시 다음의 생각을 반복하고 싶다. 우리 모두 베드로에게 하셨듯이 우리를 통하여 일하시는 동일한 성령님을 모시고 있다. 나는 우리 모두가 또 다른 한 사람의 베드로가 되도록 부름 받지는 않았을 것이라는 것을 알고 있다. 그렇다고 하더라도, 우리는 하나님께서 지금 우리를 두신 곳과 우리가 가는 어디에서든지 영향력을 행사할 수 있다. 우리는 통치권(dominion)을 가지고 다스리도록 부름 받았다!

제 10 장

생명 안에서 왕 노릇하는 것
Reigning in Life

우리 하나님께서는 통치권을 가지고 행하며 왕국대사들로서 빛을 발하도록 우리 각 사람을 지으신 경이롭고 강하며 신실하신 하나님이시다. 바울은 로마서 5장 17절에서 믿기 어려운 우리의 지위에 관한 진리를 제공하고 있다. "한 사람의 범죄를 인하여 사망이 그 한 사람으로 말미암아 왕 노릇하였은즉 더욱 은혜와 의의 선물을 넘치게 받는 자들이 한 분 예수 그리스도로 말미암아 생명 안에서 왕 노릇하리로다."

바울은 생명이 우리 위에서 왕 노릇한다고 말하고 있지 않다. 또한 생명이 우리 안에서 왕 노릇한다고도 말하고 있지 않다. 그는 우리가 생명 안에서 왕 노릇할 것이라고 말하고 있는 것이다! 여기에 **왕 노릇(reign)**에 해당하는 헬라어인 **바실류오(basileuo)**에 대한 정의가 있다. "왕이 되는 것, 왕의 권력을 행사하는 것, 왕으로서 통치하는 것, 최고의 영향력을 행사하는 것, 통제하는 것." 이 구절을 연구할 때, 나는 이 위대한 로마서 5장 17절의 약속이 한 단어 한 단어에 대한 다음의 상술된 해석으로 변역될 수 있다는 것을 발견했다.

만약 한 사람의 한 범죄가 우리를 무력한 속박상태의 희생자들로 붙잡아둘 수 있고, 더구나 우리가 셀 수 없는 범죄들로부터 하나님의 풍성한 은혜 속으로 그리고 완전하고 절대적인 아름다움(용서, 관대함, 방면, 자유, 해방) 속으로 나아갈 때, 우리에 억누르는 사망의 전제권력(the tyrant power)을 허락하게 하였다면, 우리가 필적할 수 없는 다른 한 분 예수 그리스도를 통하여 당당한 자유와 아무도 도전할 수 없는 힘을 가지고 왕 노릇하면서(최고의 영향력과 왕의 권력을 행사하며, 지역을 통치하며) 하나님께서 주신 법적으로 보장된 생명 안에서 강해지지 않겠는가!

와우! 하나님의 말씀으로부터의 얼마나 강력한 약속인가! 나는 바울의 삶으로부터 우리의 삶에 적용할 수 있는 마지막 한 가지 예를 살펴보고 싶다. 그것은 에베소서 6장 19-20절에 있다. "또 나를 위하여 구할 것은 내게 말씀을 주사 나로 입을 벌려 복음의 비밀을 담대히 알리게 하옵소서 할 것이니 이 일을 위하여 내가 쇠사슬에 매인 사신이 된 것은 나로 이 일에 당연히 할 말을 담대히 하게 하려 하심이니라."

에베소서를 쓸 때에, 바울은 복음 메시지를 선포하는 것 때문에 로마에 수감되어 있었다. 비록 죄수로 갇혀 있었지만, 바울은 교회에 보내는 그의 편지들을 통하여 예수 안에 있는 그의 믿음을 알리고 선포하는 일을 계속했다. 나는 로마에 갔었을 때 바울이 그의 죽음 직전까지 갇혀 있었던 지하 감옥 방에 서서 기도한 적이 있다. 그곳은 작고, 습하며, 춥고, 어두운, 마루와 돌로 된 벽들이 있는 동굴과 같은 방이었다. 잠시라도 머물기에는 너무 참혹한 곳이었다. 하지만 이곳에서 바울은 그의 기도생활로부터 공급받는 넘치는 은혜로 이 책과 성경의 또 다른 책들을 썼다.

나는 바울이 에베소교회에 보내는 편지를 마무리할 때, 그들에게 그의 석방이나 개인적인 필요들을 위해서 기도해달라고 요청하지 않은 것에 감명을 받았다. 나는 바울이 그 자신의 필요들을 위해서 기도했던 때가 있었을 것으로 확신하지만, 그는 담대함을 위한 기도에 더 초점을 맞추었다. 그는 복음의 진리를 두려움 없이, 담대하게, 솔직하게 계속 선포할 수 있기 위하여 성령님의 능력과 힘을 필요로 했다. 여기에서 얻은 한 가지 생각이 있는데, 그것은 만약 우리가 자기 자신이나 부정적인 환경, 혹은 장애물이나 약점 같은 것들에 초점을 맞추지 않고, 그 대신 복음을 선포하고 우리가 할당받은 영역에 영향력을 미치기 위하여 우리의 삶 가운데 주님의 능력이 임하도록 더 많이 기도하는 바울의 모범을 따른다면, 우리 신자들이 더 많은 기도의 응답들을 받을 것이라는 것이다.

바울은 그의 환경을 두려워할만 했으며, 그가 거기에 압도되었을 때도 있었을 것으로 나는 확신한다. 그가 죄로부터 구속되는 복음을 선포할 때마다, 죽음의 형벌을 받을 기회는 더 증가되었을 것이다. 그스트레스는 상상하기조차 쉽지 않다. 그럼에도 불구하고, 그는 왕국 대사로서의 그의 지위를 알고 있었고, 그것 때문에 옥에 갇힌 죄수가 되어 있었다. 그는 그가 예수 그리스도로부터 직접 특별히 임명된 자라는 것을 잘 알고 있었다. 그는 주님을 위하여 그의 대표자로서 말하고 있는 것이었다. 그러므로 그는 어떤 대가를 치르더라도 담대하게 말하기로 결심하였다.

예수님의 제자로서 우리는 바울의 모범으로부터 배울 필요가 있다. 두려움 때문에 뒤로 물러설 수는 없다. 형제와 자매여, 우리는 반드시 하나님의 왕국을 확장시켜야 한다. 그리스도의 몸으로서 우리는 두려움에 떨고 있는 상태에서 빠져나와 우리의 정당한 담대함과 권세의 지위를 가지고 움직여야 한다. 지금은 뒤로 움츠릴 때가 아니고, 앞으로 진군할 때이다. 두려움은 사라져야 한다!

우리는 공격하는 대신에 너무 오랫동안 수비하는 태세에 있었다. 내가 어느 날 기도하고 있을 때, 주님께서 지금 우리가 공부하고 있는 것에 관한 한 그림을 보여주셨다. 그것은 한 가지 단순한 비유였는데, 우리에게 격려가 되고 우리의 상황을 이해하는 데 도움을 줄 것이기 때문에 함께 그것을 나누고 싶다.

나는 한 풋볼게임을 보았다. 공을 서로 움켜지려고 두 팀이 시작 라인(scrimmage line)에 정렬해 있었다. 한 팀은 검은 유니폼을, 다른 팀은 흰 유니폼을 입고 있었다. 흰 유니폼을 입은 팀은 주님의 팀이었고, 검은 유니폼을 입은 팀은 사단의 팀이었다. 게임이 시작될 때

흰 유니폼 팀이 공을 가지고 있었는데, 그만 공을 놓치고 말았다. 검은 유니폼 팀이 그 공을 잡아서 그 게임을 이기는 플레이를 하기 시작했다.

그때, 흰 유니폼 팀의 한 멤버가 그 공을 가로챘는데, 그의 팀 멤버들이 공수가 바뀌었는지 알지 못하는 것 같았다. 그 공이 정당하게 그들의 것이었음에도 불구하고, 그들은 계속 검은 유니폼 팀이 공세를 취하도록 허락하고 있었다. 흰색 유니폼 팀은 마치 그래야만 하는 것처럼 단지 그들의 영역을 지키는 데만 초점을 맞추고 있었다.

하지만 갑자기 흰 유니폼 팀이 그 공이 본래 자기들의 것이라는 것과 상대팀은 그들이 자발적으로 그것을 넘겨주었으므로 단지 그 공을 가지고 있을 뿐이라는 것을 깨닫는 것 같았다. 그들은 이제는 그렇게 그만하기로 결정했다. 다음 플레이에서는 그들이 자신감에 넘쳐서 그 공을 가로챘다! 그것뿐만 아니라, 공을 가지고 있던 선수가 상대팀이 그를 잡을 수 없도록 매우 빠르게 엔드 존(the end zone)까지 달렸다. 결국 흰 유니폼 팀이 검은 유니폼 팀을 압도하며 그 게임을 이겼다.

우리는 흰 팀이다. 공을 아담과 이브가 빼앗겼다. 하지만 예수님께서 그것을 가로채셨다. 적은 우리가 그렇게 하도록 허용했기 때문에 그 공을 불법적으로 계속 가지고 있는 것이다. 사실, 우리가 너무 수비하는 데 바빠서 우리에게 그 공을 잡고 공세를 취할 권리가 있다는 것을 깨닫지 못하고 있는 것이다. 우리가 게임을 개시해야 할 뿐만 아니라, 자신감과 확신과 믿음과 권세를 갖고 힘차게 달려야 한다.

우리가 전에 말했듯이, 우리가 아침에 침상에서 일어날 때, 어두움의 세력이 경계에 들어가도록 해야 한다. 우리는 엔드 존 안에서 승리로 마감할 그날 하루의 공세적인 시합을 개시할 사람들이다. 우리는 **우리의 생각을 오늘 하루도 우리 자신을 방어하기 위해서 무엇을 해야 하는가?**라는 것으로부터 하나님과 그의 계획과 그의 일정에 초점을 맞추는 하루하루를 사는 것으로 바꾸어야 한다. 우리는 그의 선하심 때문에 그를 찬양한다. 우리는 하나님의 영광을 위하여 변화된 개인, 가정, 일터, 도시, 그리고 나라들을 보기를 기대하고 있다.

> 이러므로 우리에게 구름같이 둘러싼 허다한 증인들[진리에 대한 간증을 가지고 있는 자들]이 있으니 모든 무거운 것[불필요한 장애물들]과 얽매이기 쉬운[멋진, 솜씨 있는] 죄를 벗어 버리고 인내로써 우리 앞에 당한 경주를 경주하며 [미혹하게 하는 모든 것으로부터 시선을 돌리고] 믿음의[우리의 신앙에 그 첫 번째 동기를 부여하는] 주요 또 온전케 하시는 이인[성숙함과 완전함을 가져다주시는] 예수를 바라보자 저는 그 앞에 있는 즐거움[상을 타는 것]을 위하여 십자가를 참으사 부끄러움을 개의치 아니하시더니 하나님 보좌 우편에 앉으셨느니라(히 12:1-2)

우리는 왕국통치(dominion)를 위해서 창조되었다. 우리는 왕국대사들이다. 우리가 있는 모든 곳에, 하나님의 왕국도 또한 거기에 있다. 피조세계는 열망을 가지고 기다리고 있다. 영혼들이 구원을 기다리고 있다. 하나님께서 우리 각 사람에게 책임과 목적과 분량의 한계를 주셨다. 지금 이때가 우리 앞에 있는 경주를 달리려고 하고 우리의 정당한 지위를 취하려고 결심하기에 알맞은 때이다. 우리는 평생 동안 만왕의 왕이시며 만주의 주이신 주님과 함께 다스려야 하는 소명을 가지고 있다.

우리가 그것을 위해서 창조된 바, 이 땅을 다스림에 대한 표준(the dominion standard)을 세워나가는 의로운 아들과 딸이라는 우리의 정당한 지위 속으로 나아가자. "그 때에 의인들은 자기 아버지 나라에서 해와 같이 빛나리라"(마 13:43). 그리고 모든 피조세계가 그것을 볼 것이다.

저자에 관하여

레베카 그린우드(Rebecca Greenwood)는 크리스천 하비스트 인터내셔널(Christian Harvest International)의 공동 설립자이면서 회장인데, '그리스도의 몸'이라는 교단으로부터 안수 받은 목회자로 사역하고 있다. 세계적으로 유명한 강사로서, 그녀는 기도, 중보기도, 영적전쟁, 영적도해, 축사 그리고 예언을 포함하는 많은 주제에 관해서 세미나와 컨퍼런스를 인도하고 있다. 그녀는 또한 목적과 성취와 소명을 위한 삶을 살아가는 것에 관한 성경의 진리들로 믿는 자들을 무장시키고 있다.

지난 15년 이상 동안에, 그녀는 세계 17개 국가와 미국 내의 많은 도시들로 영적전쟁 기도여행을 이끌거나 참여해왔다. 그리고 수천 명의 사람들이 구원받고, 자유하게 되고, 치유되는 것을 보아왔다.

그녀와 그의 남편인 그렉은 에디와 앨리스 스미스(Eddie and Alice Smith) 부부와 함께 '미국기도센터'에서 6년 동안 일했다. 이 기간 동안, 그녀는 '휴스턴 기도의 집'과 미국기도센터의 기도 코디네이터로 일했는데, 그곳에서 기도회와 선제공격, 축사사역과 사역팀을 이끌었다.

레베카는 4년 동안 '세계추수사역'의 피터와 도리스 와그너(Peter and Doris Wagner)부부와 함께 사역했다. 그녀는 세계기도센터 내에 있는 아스널 북스토어의 매니저와 피터와 도리스의 실행보좌역을 감당했다. 그동안 그녀는 와그너사역연구원으로부터 실천목회(Practical Ministry)에 관한 학사학위를 받았다.

그녀는 피터와 도리스 와그너 부부의 지도 아래에 있는 국제축사사역창설자협회와 나오미 다우디(Naomi Dowdy)가 이끄는 전략적인 리더십 회의와 글로벌 리더십 네트워크의 멤버이다. 그녀는 '그리스도를 위한 모든 집'의 딕 이스트만(Dick Eastman)과 함께 '세상을 변화시키는 기도학교'의 교수요원이다. 레베카는 또한 콜로라도 주의 콜로라도 스프링스와 해외에 있는 와그너 리더십 학교에서도 강의하고 있다.

저서로는 『Authority to Tread: An Intercessor's Guide to Strategic-Level Spiritual Warfare』와 『Breaking the Bonds of Evil: How to Set People Free from Demonic Oppression』 그리고 전자책(e-book)인 『The Power of a Godly Mother』이 있다. 그녀는 또한 'SpiritLed Woman'에 기도에 관한 글을 실었으며, 'Charisma'와 'Pray!' 잡지에도 글을 실었다.

레베카와 그렉은 '그리스도를 위한 모든 집'의 교회협력 이사로 일하고 있으며 콜로라도 주의 콜로라도 스프링스에 살고 있다. 슬하에 켄들, 레베카, 캐티라는 세 딸을 두고 있다.

순전한 나드 도서안내 02-574-6702

No.	도서명	저자	정가
1	강력한 능력전도의 비결	체 안	11,000
2	거의 완벽한 범죄	프랜시스 맥너트	13,000
3	광야에서의 승리(개정판)	존 비비어	10,000
4	교회, 그 연합의 비밀	프랜시스 프랜지팬	10,000
5	교회를 뒤흔드는 악령을 대적하라	프랜시스 프랜지팬	5,000
6	교회를 어지럽히는 험담의 악령을 추방하라	프랜시스 프랜지팬	5,000
7	그리스도인의 삶의 비결	진 에드워드	8,000
8	기름부으심	스미스 위글스워스	8,000
9	꿈을 통해 말씀하시는 하나님	헤피만 리플	10,000
10	날마다 하나님께로 더 가까이	존 비비어	13,000
11	내 백성을 자유케하라	허철	10,000
12	내게 신선한 기름을 부으셨나이다	허철	9,000
13	내면 깊은 곳으로의 여행	진 에드워드	11,000
14	내어드림	페늘롱	7,000
15	다가온 예언의 혁명	짐 골	13,000
16	다가올 전환	래리 랜돌프	9,000
17	당신도 예언할 수 있다	스티브 탐슨	12,000
18	당신은 예수님의 재림에 준비가 되어 있습니까?	메릴린 히키	13,000
19	당신은 치유받기 원하는가	체 안	8,000
20	당신의 기도에 영적 권위가 있습니까?	바바라 윈트로블	9,000
21	더넓게 더깊게	메릴린 앤드레스	13,000
22	동성애 치유될 수 있는가?	프랜시스 맥너트	7,000
23	두려움을 조장하는 악령을 물리치라	드니스 프랜지팬	5,000
24	마지막 시대에 악을 정복하는 법	릭 조이너	9,000
25	마켓플레이스 크리스천(개정판)	로버트 프레이저	9,000
26	무시되어 온 축복의 통로	존 비비어	6,000
27	믿음으로 질병을 치유하라	T.L. 오스본	25,000
28	병고침	스미스 위글스워스	9,000
29	부서트리고 무너트리는 기름 부으심	바바라 J. 요더	8,000
30	부자하나님의 부자 자녀들	T.D 제이크	8,000
31	사도적 사역	릭 조이너	12,000
32	사랑하는 자가 병들었나이다	허철	8,000
33	사사기	잔느귀용	7,000
34	사업을 위한 기름 부으심 (개정판)	에드 실보소	10,000
35	상한 마음을 치유하는 기도	마크 버클러	15,000
36	상한영의 치유1	존&폴라 샌드포드	17,000
37	상한영의 치유2	존&폴라 샌드포드	13,000
38	성령님을 아는 놀라운 지식	허철	10,000
39	성령의 은사	스미스 위글스워스	10,000
40	성의 치유	데이빗 카일 포스터	13,000
41	세계를 변화시키는 능력	릭 조이너	10,000
42	속사람의 변화 1	존&폴라 샌드포드	11,000
43	속사람의 변화 2	존&폴라 샌드포드	13,000
44	신부의 중보기도	게리 원스	11,000
45	십자가의 왕도	페늘롱	8,000
46	아가서	잔느 귀용	11,000
47	악의 속박으로부터의 자유	릭 조이너	9,000
48	어머니의 소명	리사 하텔	12,000
49	여정의 시작	릭 조이너	13,000
50	영광스런 교회에 보내는 메시지 1	릭 조이너	10,000
51	영광스런 교회에 보내는 메시지 2	릭 조이너	10,000
52	영분별	프랜시스 프랜지팬	3,500
53	영으로 대화하시는 하나님	래리 랜돌프	8,000
54	영적 전투의 세 영역(개정판)	프랜시스 프랜지팬	10,000
55	예레미야	잔느 귀용	6,000
56	예수그리스도와의 친밀함	잔느 귀용	7,000
57	예수님 마음찾기	페늘롱	8,000

PURE NARD BOOKS

No.	도서명	저자	정가
58	예수님을 닮은 삶의 능력	프랜시스 프랜지팬	9,000
59	예수님을 향한 열정〈개정판〉	마이크 비클	12,000
60	요한계시록	잔느 귀용	11,000
61	우리 혼의 보좌들	폴킷 데이비스	10,000
62	인간의 7가지 갈망하는 마음	마이크 비클	11,000
63	저주에서 축복으로	데릭 프린스	6,000
64	적의 허를 찌르는 기도들	척 피어스	10,000
65	조지 W. 부시의 믿음	스티븐 멘스필드	11,000
66	주님! 내눈을 열어주소서	게리 오츠	8,000
67	주님, 내 마음을 열어주소서	캐티 오츠/로버트 폴 램	9,000
68	주님이 꿈꾸시는 미래교회	벤 R 피티스	9,000
69	지구상에서 가장 강력한 기도	피터 호로빈	7,500
70	지금은 씨워야 할 때	프랜시스 프랜지팬	8,000
71	찬양하는 전사들	척 피어스/존 딕슨	12,000
72	천국경제의 열쇠	샨 볼츠	8,000
73	천국방문〈개정판〉	애나 로운튜리	11,000
74	축사사역과 내적치유의 이해가이드	존&마크 샌드포드	18,000
75	출애굽기	잔느 귀용	10,000
76	하나님과 동행하는 사람들〈개정판〉	샨 볼츠	9,000
77	하나님과 사람에게 더욱 사랑스러운자	듀안 벤더 클럭	10,000
78	하나님과의 연합	잔느 귀용	7,000
79	하나님으로부터 오는 능력	찰스피니	9,000
80	하나님을 연인으로 사랑하는 즐거움	마이크 비클	13,000
81	하나님의 마음에 합한 사람	마이크 비클	13,000
82	하나님의 심정 묵상집	페넬롱	8,500
83	하나님의 아름다움을 바라보는 축복	허철	10,000
84	하나님의 요새	프랜시스 프랜지팬	8,000
85	하나님의 음성을 듣는 방법	마크&패티 버클러	17,000
86	하나님의 장군의 일기	잔 G. 레이크	6,000
87	항상 배가하는 믿음	스미스 위글스워스	10,000
88	항상 부족함이 없으리로다	하이디 베이커	8,000
89	혼동으로부터의 자유	릭 조이너	5,000
90	혼의 묶임을 파쇄하라	빌&수 뱅크스	10,000
91	화 있을진저 외식하는 서기관과 바리새인들	존 비비어	8,000
92	횃불과 검	릭 조이너	8,000
93	21C 어린이 사역의 재정립	베키 피셔	13,000
94	금식이 주는 축복	마이크 비클&다나 캔들러	12,000
95	승리하는 삶	릭 조이너	12,000
96	부활	벤 R 피터스	8,000
97	거절의 상처를 치유하시는 하나님	데릭 프린스	6,000
98	그리스도의 제사장적 신부	애나 로운튜리	13,000
99	마귀의 줄입구를 차단히리	존 비비어	13,000
100	통제 불능의 상황에서노 넌 즐깁기만 히다	리사 비비어	12,000
101	어린이와 십대를 위한 축사사역	빌 뱅크스	11,000
102	알려지지 않은 신약성경 교회 이야기	프랭크 바이올라	12,000
103	빛은 어둠 속에 있다	패트리샤 킹	10,000
104	가족을 위한 영적 능력	베벌리 라헤이	12,000
105	목적으로 나아가는 길	드보라 조이너 존슨	8,000
106	예언사역 매뉴얼	마크 비써	12,000
107	추수의 천사들	폴 키스 데이비스	13,000
108	컴 투 파파	게리 원스	13,000
109	러쉬 아워	슈프리자 싯홀	9,000
110	그리스도 안에 거하는 삶	앤드류 머레이	10,000
111	지도자의 넘어짐과 회복	웨이드 굿데일	12,000
112	하나님의 일곱 영	키즈 밀러	13,000
113	너희 지체를 의의 병기로 하나님께 드리라	허 철	8,000
114	신부	론다 캘혼	15,000

No.	도서명	저자	정가
115	추수의 비전	릭 조이너	8,000
116	하나님이 이 땅 위를 걸으셨을 때	릭 조이너	9,000
117	하나님의 집	프랜시스 프랜지팬	11,000
118	도시를 변화시키는 전략적 중보기도	밥 하트리	8,000
119	왕의 자녀의 초자연적인 삶	빌 존슨	13,000
120	초자연적 능력의 회전하는 그림자	줄리아 로렌 & 빌 존슨 & 마헤쉬 차브다	13,000
121	언약기도의 능력	프랜시스 프랜지팬	8,000
122	꿈의 언어	짐 골 & 미쉘 앤 골	13,000
123	믿음으로 산 증인들	허 철	12,000
124	용기	잔느 귀용	13,000
125	포로들을 해방시키라	앨리스 스미스	13,000
127	나라를 변화시킨 비전: 윌리엄 테넌트의 영적인 유산	존 한센	8,000
128	세상을 다스리는 권세의 회복	레베카 그린우드	10,000

모닝스타 코리아 저널

No.	도서명	저자	정가
1	모닝스타저널 제1호	릭 조이너 외	각 7,000
2	모닝스타저널 제2호	릭 조이너 외	각 7,000
3	모닝스타저널 제3호 승전가를 울릴지도자들	릭 조이너 외	7,000
4	모닝스타저널 제4호 하나님의 능력	릭 조이너 외	7,000
5	모닝스타저널 제5호 믿음과 하나님의 영광	릭 조이너 외	7,000
6	모닝스타저널 제6호 성숙에 이르는 길	릭 조이너 외	7,000
7	모닝스타저널 제7호 마지막때를 위한 나침반	릭 조이너 외	7,000
8	모닝스타저널 제8호 회오리 바람	릭 조이너 외	8,000
9	모닝스타저널 제9호 하늘위의 선물	릭 조이너 외	8,000
10	모닝스타저널 제10호 천상의 언어	릭 조이너 외	8,000
11	모닝스타저널 제11호 신의 성품에 참예하는자	릭 조이너 외	8,000
12	모닝스타저널 제12호 언약의 사람들	릭 조이너 외	8,000
13	모닝스타저널 제13호 열린 하나님의 나라	릭 조이너 외	8,000
14	모닝스타저널 제14호 하나님 나라의 능력	릭 조이너 외	8,000
15	모닝스타저널 제15호 하나님 나라의 복음	릭 조이너 외	8,000
16	모닝스타저널 제16호 성령 안에서 사는 삶	릭 조이너 외	8,000
17	모닝스타저널 제17호 성령 충만한 사역	릭 조이너 외	8,000
18	모닝스타저널 제18호 초자연적인 세계	릭 조이너 외	8,000
19	모닝스타저널 제19호 하늘을 이 땅으로 이끌어내다	릭 조이너 외	8,000